KB049101

어디 인생이 원하는 대로 흘러가던가요

어디 인생이 원하는 대로 흘러가던가요

삶을 관통하는
여덟 가지 주제에 관한
스승과 제자의 대화

이근후 · 이서원 지음

샘터

| 인생의 스승이 필요한 모두에게

　　나는 평생 교직에 종사하면서 후학들을 가르치고 마음 아픈 환자를 돌보고 또 연구도 하고 그런 바쁜 일정 속에서 살았다. 그렇게 바쁘게 살다 보니 세월이 흘러 어느새 정년 퇴임하는 해를 맞았다. 정년 퇴임을 하면서 제자 교수들에게 이렇게 말했다.

　　"지금, 이 순간까지는 내가 여러분의 스승이지만 이 퇴임식이 끝나고 나면 그때부터는 여러분이 나의 스승이고 내가 여러분의 제자입니다."

　　이 내용에 부연하자면, 정년 퇴임을 하고 나면 내가 학교에 있을 때보다 책을 접하는 기회가 적을 것이고, 또 새로운 지식을 섭취하는 데도 제한이 있을 것이기 때문에 퇴임 이

후에는 오히려 내가 제자들을 스승으로 삼아 배움의 끈을 놓고 싶지 않다는 마음으로 진심을 담아 한 이야기다.

가만히 생각해보면 내가 가지고 있는 궁금증에 답을 해줄 수 있는 사람은 남녀노소를 가릴 것 없이 모두 내 스승이 된다. 이 생각은 지금까지도 변함이 없다. 그런 면에서 이서원 박사는 내 제자이기도 하고 내 스승이기도 하다. 우리 둘은 우연한 기회에 유튜브 채널을 만들어보자고 의기투합하여 지금까지 해왔는데, 초심은 계획된 대담이 아니라 즉문 즉답을 해보자는 것이었다. 주로 그가 질문하고 내가 떠오르는 이야기를 답하는 방식이라서 어떤 질문을 받게 될지 전혀 모르는 상태에서 그때그때 답을 해야 한다.

그런데 영상을 본 나의 자녀 가운데 하나가 나의 말이 너무 길다며 요즘 사람들은 긴 것을 좋아하지 않는다고 알려주었다. 이게 무슨 소리인가? 내 말이 요즘 사람들의 말에 비하여 긴 것은 사실이지만, 그 이유는 하고자 하는 본질적인 이야기를 좀 더 자세히 설명하기 위함인데 그것을 군더더기 말이라고 생각하니 좀 섭섭한 마음이 들었다. 그러나 내가 퇴임 때 한 말을 상기하면서 초심으로 돌아가 그의 충고를 받아들이기로 했다. 요즘 사람들이 그렇다면 그렇다고 믿어야 한다. 그 후 나는 이서원 박사에게 "유튜브에서 한 말에서 군더더기는 빼고 핵심적인 말만 골라 대화한 것으로 책을 써보면 어떨까?" 제안했다. 나만 나이 든 것이 아니라 이서원 박사도 나이가 들고 있으니 젊은 사람들이 보기에는 나나 이서원 박사나 도토리 키 재기다. 그가 내 제안을 흔쾌히 받아들여 쓴 것이 바로《어디 인생이 원하는 대로 흘러가던가요》이다. 말하자면 나의 스승이 나에게 충고해준 가르침을 실천해본 최초의 책인 셈이다.

소망하건대 이 책이 인생을 살며 스승이 필요한 모두에게 공감되기를 기대하며, 조금이나마 그들이 마음속 고민을 해결하는 데 도움이 되면 좋겠다

이근후(이화여대 명예교수)

ㅣ힘든 일에 쩔쩔매며 오늘을 사는 우리에게

선생님과 대담을 마치면 선생님 입에서 나오는 소리는 "하나도 기억나지 않는다"는 말이었다. 나는 그 말이 슬프고 기뻤다. 아흔이 가까워지는 나이를 느끼게 하기에 슬펐고, 전심전력을 기울여 남은 기억이 없다는 마음에 기뻤다. 나도 선생님의 나이가 되어 제자와 대담할 때 선생님처럼 말해야겠다고 다짐하곤 했다.

우리는 늘 여지를 남기며 살아간다. '내일부터 다이어트를 해야지' 다짐하고, '시간 날 때 여행을 가자'고 사랑하는 사람을 설득한다. 시간이 남아 있는 것처럼 내일로, 모레로 하고 싶은 일을 미루며 여지를 둔다. 나도 그랬다. 내가 덜 바빠질 때 선생님께 인생의 지혜를 여쭤봐야지 여지를 두며 살아왔다. 그러다 몇 해 전 덜컥 선생님이 머리를 다쳐 쓰러져 중환자실에 누워 계실 때 깨달았다. 여지를 두는 것이 얼마나 나를 과대평가하고 세월과 인연을 과소평가하는 일인지를.

선생님이 일어나 기운을 차리신 후 나도 정신을 차렸다. 그리고 매주 선생님을 뵈러 갔다. 이생 마지막이 될지도 모를 시간에 스승에게 지혜를 배우고 싶었기 때문이다. 선생님은 제자를 기다리셨다. 제자와 사람, 사람과 사람 사이, 그 사이에서 일어나는 크고 작은 일에 대해 이야기 나누기를 좋아하셨다. 어느 날 선생님이 우리 이야기를 다른 사람들과도 나누면 좋겠다고 하셨다. 그때부터 유튜브 '이서원과 이근후의 너랑 나랑'이 시작되었다. 선생님 이름을 먼저 넣는 게 옳다고 말씀드리자 "나는 지는 해고, 너는 뜨는 해다. 나중에 네가 질 때도 다르게 뜨는 해를 네 이름 앞에 넣어라"라고 이야기하셨다. 그 말씀에 눈물을 훔치기도 했다.

하나를 물어보면 열 개의 답이 나왔다. 작은 시냇물을 물어보면 깊은 바닷물로 답을 주셨다. 선생님과 대담을 나누며 나는 점점 작아졌다. 덕분에 나의 진짜 크기를 알 수 있었다. 그리고 아주 조금씩 커져갔다. 강의를 하고 상담을 할 때면 이전에 보지 못했던 사람의 마음이 보이고, 듣지 못했던 사람의 심정이 들렸다. 가랑비에 옷 젖듯이 선생님의 지혜가 내 가슴에 스며들고 있다는 걸 그때 알았다.

선생님과의 대담으로 변화한 내 삶을 한 사람이라도 더 많은 사람에게 고스란히 전하고 싶은 욕심이 생겼다. 욕심에는 탐욕스러운 욕심만 있는 게 아니다. 건강한 욕심도 있는 법이나. 나는 욕심을 부려보고 싶었다. 그것이 이렇게 한 권의 책으로 나오게 되었다.

선생님과의 대담이 여느 대담과 다른 점은 그럴듯한 소리가 없다는 것이다. 선생님은 철저히 현실에 기반한 답을 하셨다. 듣기 좋고 머리로 상상하는 답을 철저히 배격하셨다. 당장 목마른 사람에게 물을 주어야 한다고 했지, 우물을 파서 갈증을 해결하라고 이야기하지 않으셨다. 그래서 속이 시원했다. 지극히 현실적인 선생님의 이야기 속에는 깊은 삶의 경험과 지혜가 고스란히 녹아 있었다. 한마디 말을 들으면 여러 날, 여러 달 그 말이 맴돌았다.

한번은 "너와 나는 진리라는 깊은 바다 바닥을 향해 내려가는 잠수부"라는 표현을 하셨다. 그래서 이 책은 잠수함이다. 읽어 내려가는 분이 편안하고 즐겁게 창밖을 보고 있으면 일상의 당연하던 일들이 새롭게 보이고, 고민되던 일들이 스르르 풀리는 지혜의 바다 풍경을 느끼게 될 것이다. 우리 삶은 늘 내가 도달한 깊이의 지혜만큼 행복할 수 있다. 내가 깊이 들어갈수록 내 삶은 즐겁고 유쾌한 축제의 장이 된다. 여러 해 동안 선생님과 나눈 이야기들이 너무 지치고 힘든 일에 쩔쩔매며 오늘을 사는 우리에게 조금 더 기쁜 일상을 선물해주기를 희망한다.

이서원 ('나우리가족상담소' 소장)

차례

1
자존

나를 힘껏 끌어안는 시간

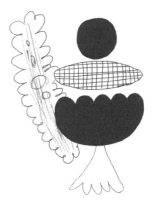

3
위기

헤쳐 나갈 해답을 찾는 과정

4
욕망

보이지 않는 것에 대하여

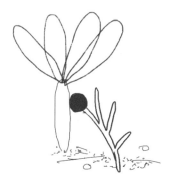

5
확신

의심과의 한 끗 차이

6
비움

완전한 휴식이 필요할 때

7
성장

무거운 마음을 견디는 일

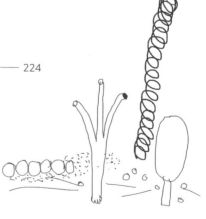

8
행복

삶의 주인이 되기 위하여

1 • 자존

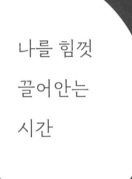

나를 힘껏

끌어안는

시간

사람은 묘한 존재다

| 관찰에서 통찰에 이르는 길

스승|　　　　사람은 변하기도 하고 변하지 않기도 하는 묘한 존재다. 뜨거운 불에 데었을 때 '앗, 뜨거워라' 하는 것은 변하는 사람이나 변하지 않는 사람이나 똑같다. 그다음에 어떻게 하는가가 변하는 사람과 변하지 않는 사람을 결정한다. 내가 왜 뜨거운 것에 데었을까 하며 그것을 잘 살펴보는 사람은 변하는 사람이고, 덴 고통에 괴로워만 하는 사람은 변하지 않는 사람이다. 이런 이유로 같은 어려움을 겪고도 다시 어려움을 겪지 않는 사람이 있는가 하면 똑같은 어려움을 거듭해서 겪는 사람이 생기게 된다.

제자 | 　　　　　　　사람이 변하는 데 고통만큼 좋은 약이 없다. 고통은 아프고 쓰리기에 괴로워할 수밖에 없다. 그리고 누구나 괴로움을 반복하고 싶어 하지 않는다. 하지만 어떻게 해야 괴로움을 벗어날 수 있을지에 대해서는 살면서 가르쳐주는 사람이 없다. 배움은 혼자만의 몫이다.

고통에서 더 나은 나로 변화하기 위해 필요한 것은 선생님이 이야기한 '앗, 뜨거워라' 다음에 관찰하는 태도를 가지는 것이다. 관찰은 뜨거워서 덴 정도를 그리고 왜 데었는지를 살피고, 그 속에서 나의 잘못을 찾아내는 일이다. 그런 관찰은 자연스럽게 성찰을 불러온다. 성찰이란 관찰의 결과를 토대로 깊이 생각하는 것이다. 나와 불에 덴 것의 연관성을 사색하고 중요한 본질을 발견하는 것이다.

성찰은 마지막으로 통찰을 불러온다. 통찰은 핵심적인 인과관계를 깨닫는 과정이며, '아하! 그래서 델 수밖에 없었구나!' 하는 깨달음이 통찰이다. 관찰에서 성찰을 거쳐 통찰에 이르게 될 때 비로소 사람은 변할 수 있다. 말이 쉽지, 이 세 과정을 거친다는 것은 어려운 일이다. 그래도 어쩌겠는가. 변하길 원한다면.

단점은 고쳐야 하는가

┃ 단점은 고치는 것이 아니라
  활용하는 것이다

스승 ┃　　　　　　　사람들은 자신의 성격에 관심이 많다. 많은 성격검사 도구가 있는 것도 사람들이 자신의 성격을 궁금해하기 때문이다. 여러 해 MBTI 열풍이 분 것도 이런 맥락에서 이해할 수 있다.

성격을 알고 싶어 하는 것은 장점은 살리고 단점은 고치거나 없애고 싶기 때문이다. 그래서 기를 쓰고 단점을 없애려고 노력한다. 하지만 단점을 고치는 것은 어렵다. 단점마저 내 성격의 일부이기 때문이다. 장점과 단점이 합쳐 내 성격이 된 것이지, 장점만 있으면 그건 내 성격이 아니며 나도 아니다.

단점은 고치는 것이 아니라 활용하는 것이다. 다른 사람에게 해를 끼치지 않는다면 단점이 잘 쓰일 수 있는 곳을 찾으면 된다. 그럴 때 내 성격이 비로소 풍성해진다.

제자 |　　　　　　　남의 말을 잘 못 믿고 눈으로 확인해야만 믿는 사람은 자신의 성격에 단점이 있다고 생각할 수 있다. 그러나 이런 사람은 괴로워할 것이 아니라 과학자나 철학자 혹은 검사가 되면 크게 성공할 수 있다. 지금까지 내려오는 학설을 부조건 외우려 하지 않고 의심하기에 과학 분야에서 새로운 학설을 만들어낼 수 있다. 이전 시대의 진리를 의심하기에 이 시대에 맞는 철학적 진리를 정립할 수 있다. 곧이곧대로 범죄자의 말을 믿지 않기에 증거를 찾아 범죄를 입증할 수 있다.

내 성격은 이게 단점이라고 말하는 사람은 아직 그 부분을 잘 활용하고 이용할 수 있는 분야를 찾지 못한 사람일 뿐이다. 한번은 자신의 급한 성격을 꼭 고치고 싶다는 청년이 상담실을 찾아왔다. 아르바이트로 배달하는 일을 권유했더니 기뻐하며 돌아갔다. 단점이 있는 성격은 없다. 활용할 곳을 찾지 못한 성격만 있을 뿐이다.

열등감이 생기는 이유

│ 내 속에 내가 없을 때

스승 │   열등감은 나보다 잘난 사람이 있어서 생기는 것 같지만, 실은 내 속에 내가 없어서 생긴다. 내 속에 내가 있으면 남과 비교할 필요가 없다. 내 속에 있는 나를 더 아름답게 다듬고 가꾸면서 이번 생을 보내면 내가 나로 사는 데 아무 문제가 없다.

제자 │   나에게 배웠던 제자가 결혼 후 상해에 살게 되어 국제학교에 아이를 보냈다. 국제학교 교사들은 외국인이었는데, 한국 엄마들을 가장 난감해한다고 했다. 아이 성적에 대해 교사와 면담할 때 유독 한국 엄마들의 질문이 다른 나라 엄마들의 질문과 달랐기 때문이다.

교사는 통상적으로 아이의 수학 성적이 지난번에 70점이었는데 이번에 80점으로 향상되었다고 기쁜 소식을 전한다. 그런데 이 말에 다른 나라 엄마들은 기뻐하는데, 한국 엄마들은 별로 기쁜 기색이 없이 꼭 이렇게 묻는단다. "80점이면 반에서 몇 등이에요?" 한국 엄마들이 왜 이런 질문을 하는지 몰라 교사가 다시 당신 자녀의 성적이 지난번보다 좋아졌다고 하면, 한국 엄마들은 재차 이렇게 말한단다. "등수를 알려줄 수 없다면 반 평균을 좀 알려주세요." 이런 이유로 한국 엄마들과 면담할 때 교사들은 고개를 절레절레 흔든단다. 다른 아이들과 비교해 자신의 아이가 우월했을 때만 기뻐하는 자기 정체성 부재의 습관이 외국에 가서도 그대로 나타나는 한국 엄마들의 이야기를 들으면서 우리 사회가 집요한 비교 사회이며, 그 결과 열등감과 우월감의 극단 속에 슬픔과 오만을 간직한 사회라는 것을 실감했다.

뇌는 있는데 내가 없으면, 기준을 내 바깥에 두고 나를 그 저울에 얹게 된다. 열등감은 자연스럽게 나타나는 결과다. 뇌가 있고 내가 있는 우리가 되기를 소망한다.

너와 나는 다르다

> | 사람 위에 사람 있고
> 사람 밑에 사람 있다

스승 │　　　　　　'사람 위에 사람 없고 사람 밑에 사람 없다'는 말이 있다. 생명의 존귀함을 기준으로 볼 때는 이 말이 옳다. 나의 생명이나 존귀한 것은 같다는 말이다. 하지만 생명이 아니라 능력을 기준으로 볼 때는 이 말이 옳지 않다. 능력 있는 사람이 위에 있고, 능력 없는 사람이 밑에 있다. 이렇게 생명을 제외하고 다른 여러 가지 삶에 필요한 기준으로 볼 때는 분명히 사람 위에 사람이 있고 사람 밑에 사람이 있다.

또한 역할에 대해서도 우리는 오해를 한다. 너나 나나 같다고 생각하지만 사실과 거리가 멀다. 너와 나는 같지 않고 같을 수 없다. 너는 너고, 나는 나다. 서로 엄연히 다르다. 어떤 역할을 맡더라도 너나 나나 같다는 것은 오해다.

제자│ 획일적 평등주의는 생명 경시주의와 함께 똑같이 무서운 양날의 검이다. 획일적 평등주의는 나와 남이 다른 것을 인정하지 않고 모두 똑같이 대접을 받아야 한다고 생각한다. 그러나 선생님의 이야기처럼 모두 능력이 다르다. 또한 능력에 따른 역할에도 차이가 있다. 그리고 대접은 그 능력과 역할에 따라 다르게 받아야 하며 그것이 진정한 평등이다.

문제가 되는 것은 모든 것을 능력과 역할로만 보고, 생명을 소중하게 여기지 않는 극단적인 반대의 입장이다. 우리나라에서는 이 입장이 돈을 중심으로 만연해 있어 사람들의 마음을 화나게 하고 아프게 한다.

성숙한 사회란 기초공사는 생명의 존엄성으로 탄탄히 다지고, 그 위의 두 기둥은 능력과 역할로 받친 후 상생이라는 지붕으로 마무리하는 사회다. 지금 우리는 기초부터 튼튼히 다져야 하는 시대를 살고 있다. 기초가 튼튼한 세상이 얼른 오기를 바란다.

어디에 맞춰 노래를 불러야 합니까

| 당신 뜻대로 부르세요

스승 | 요즘은 트로트의 전성시대다. 한 참가자
가 노래를 부르고 나서 심사단의 이야기를 듣다가 울컥해
하소연했다. "어떤 경연 대회에 나가면 심사위원님이 같은
부분이 너무 모자란다고 이야기하시고, 또 이번에는 너무
넘친다고 이야기하시니 어디에 맞춰 노래를 불러야 하는지
모르겠습니다." 그러자 한 심사위원이 말했다. "연연하지 말
고 자기 뜻대로 부르세요." 나는 그 말이 큰 뜻으로 들렸다.
심사위원의 말은 평가에 개의치 말라는 소리가 아니라 더
중요한 것은 나의 색깔과 소신이니 그것을 우선으로 하라는
소리였다.

너무 내 고집대로만 해도 문제지만, 너무 남의 말만 따라가

도 문제인 게 인생이다. 우선순위를 잘 세워 살아야 한다. 그래야 롱런한다.

제자 ｜   세상이 눈이 돌아갈 정도로 빨리 변하다 보니 작년에 나온 최신 휴대폰 기능이 한 해 만에 구닥다리가 되기 일쑤다. 이런 세상에서 매년 휴대폰을 바꾸는 사람도 있지만 우직하게 10년 전 휴대폰을 그대로 쓰는 사람도 있다. 빨리 바꾸어 적응하느냐 옛것을 고수하느냐보다 더 중요한 것은 우선순위를 잘 기억하는 것이다.

세상과 나의 관계는 크게 세상의 변화에 적응하는 나와 세상의 변화에도 변함없이 유지하는 나로 나눌 수 있다. 이 가운데 우선해야 하는 것은 나의 소신과 정체성이다. 그런 가운데 세상의 변화에 관심을 가지고 적응해나가는 것이 주체적으로 세상과 관계하며 사는 건강한 현대인의 모습이다.

과학과 기술뿐만 아니라 사람과 사람 관계에도 같은 이치가 통한다. 다른 사람에게 다 맞추는 것도, 나에게 남을 다 맞추려 하는 것도 올바르지 않다. 내 중심을 세우되 다른 사람과 잘 맞출 수 있는 사람이 성숙한 사람이다.

첫 경험이 중요하다

| 세 살 버릇 여든까지 간다

스승 | 정신의학에서는 다섯 살을 중요하게 생각한다. 사람의 인생은 다섯 살 이전과 그 이후로 나누어진다고 보아도 좋다.

다섯 살이 중요한 이유는 그때 경험한 첫 경험이 각인되어 평생을 가기 때문이다. 이 시기는 발달 단계상 대소변을 가리는 시기다. 기저귀를 떼고 스스로 용변을 보는 나이다. 용변은 아무 데서나 보아서는 안 된다. 용변이 마려워도 지정된 장소에서 보아야 한다. 즉, 하고 싶은 것을 참아야 한다. 하고 싶은 것을 참는 것은 태어나 최초로 사회성이 길러지는 일이다. 따라서 다섯 살 이전은 개인으로, 이후에는 사회인으로 사는 갈림길이 된다. 이때 경험한 첫 경험이 얼마나

이기적인 행동을 하는 사람이 되느냐, 배려하는 행동을 하는 사람이 되느냐를 결정한다.

제자 |　　　　　　　교육학에 '누적적 결손'이라는 개념이 있다. 사칙연산을 제대로 못하면 이후 어려운 수학 문제를 풀 때마다 지속적으로 곤란을 겪는다. 기초가 튼튼하지 못하니 응용 문제를 제대로 풀 수 없는 것이다. 점점 수학을 잘하기 어려워진다. 결손이 누적되기 때문이다.

사람의 사회성도 이와 같은 이치를 벗어나지 않는다. 우리나라 속담에 '세 살 버릇 여든까지 간다'는 말이 있다. 세 살에 제대로 배우지 못한 버릇은 여든이 되도록 지속된다. 중간에 고치려면 각고의 노력이 필요하다. 자녀 교육에 중요하지 않은 시기가 없겠지만, 가장 중요한 시기를 들라면 세살 때다. 집중적인 관심과 사랑을 주면 아이는 평생 사람들에게 사랑받는 존재가 될 수 있다.

품격의 향기

| 나만 못 맡는 나의 냄새

스승 |　　　　　　나는 아침에 사위 차로 사무실까지 가곤
한다. 어느 날 딸이 아빠 요즘 냄새나니까 씻으란다. 딸이
이런 소리를 하는 건 사위가 아내인 딸에게 이야기했기 때
문이 아니겠는가. 그래서 그날부터 신경 써서 열심히 샤워
를 했다. 하루는 넌지시 사위에게 물었다. "요즘도 나한테
냄새나니?" 사위가 말했다. "요즘은 안 나요." 그 말을 듣고
정말 나이 들면서 냄새가 난다는 것을 실감했다.

꽃이 꽃마다 다른 향기를 지니고 있듯 사람도 사람마다 다
른 향기를 지닌다. 흥미로운 점은 내가 내 몸의 냄새를 몰랐
던 것처럼 보통 사람은 자기에게 나는 냄새를 모른다는 것
이다. 그런데 냄새나 향기는 몸에서만 나는 게 아니다. 그

사람이 가진 품격에서 풍겨 나오는 향기가 있다. 빈집에 들어가면 따스한 기운이 감도는 집이 있고, 차가운 기운이 드는 집이 있다. 같은 빈집인데도 서로 다른 느낌이 드는 것은 주인의 기운과 향기가 공간에 스며들어 있기 때문이다.

제자 | 다른 사람은 다 맡는 나의 냄새를 나만 맡지 못한다는 사실에서 우리가 배워야 할 진리는 무엇일까. 그것은 아무리 감주려 해도, 내가 살아가는 모습이 언젠가 다른 사람들에게 고스란히 드러나게 된다는 것이다. 그러니 사람의 표정은 자기 삶이 그린 풍경화라는 말을 새기며 살아야 한다.

우리 몸에서 나는 냄새야 비누로 열심히 씻으면 뺄 수 있지만, 품격에서 나는 냄새는 무엇으로 뺄 수 있을까. 그것은 좋은 삶으로 뺄 수밖에 없다. 좋은 삶이란 나 좋자고 남 싫은 짓을 하지 않는 삶이다. 반대로 말하면, 남에게 좋은 일을 해서 나도 기분이 좋아지는 삶이다. 그런 삶이 하루, 이틀 모여야 내게서 향긋한 향기가 난다.

그놈의 자존심이 뭔지

| 단점을 이야기하면 싫다

스승 |　　　　　 칭찬은 고래도 춤추게 하지만, 단점 지적
은 고래도 죽인다. 단점을 들으면 누구나 싫다. 다른 사람이
자기의 단점을 지적하는 것을 곰곰이 새겨듣는 사람은 많지
않다. 왜냐하면 사람은 감정의 동물이기에 우선 기분이 나
쁘기 때문이다. 그런 기분을 다스리고, 정말 내가 그렇다고
인정하려면 아주 많은 에너지가 필요하다. 인공위성을 띄우
기 위해서는 엄청난 연료가 필요하듯 단점을 듣고 인정하기
위해서는 상상을 뛰어넘는 힘이 필요하다.

단점을 듣고 받아들이는 척하는 건 쉽다. 그러나 척하는 것
과 실제로 받아들이는 것은 전혀 다른 이야기다. 단점을 지
적받고 자기 성찰과 자기반성으로 이어지기가 힘든 이유는

어마어마한 힘이 요구되기 때문이다. 나도 오래 정신과 의사로 살면서 자기분석도 많이 하고 환자들을 보면서 반면교사로 삼아 잘해왔다고 생각하지만, 지금도 비슷한 자극을 받으면 불쑥 응어리가 남아 있는 걸 보게 된다. 시원하게 해결되지는 못한 것이다.

제자 |　　　　　북한에서 남한으로 온 분들의 이야기를 들어보면 어릴 때부터 자신의 잘못을 고백하고, 다른 사람의 잘못을 지적하는 시간을 매주 금요일에 정기적으로 가져왔음을 알게 된다. 나의 단점과 상대의 단점을 지속해서 이야기한 것이다. 그래서 남이 잘못한 것을 정확하게 이야기할 수 있다고 한다. 그런데 그렇게 말하는 얼굴이 밝지 못하다.

날카롭게 지적한 단점을 듣고, 자기반성을 하기 위해 인공위성이 대기권을 벗어나는 데 필요한 정도의 에너지가 필요하다면, 게임은 이미 끝난 것과 마찬가지다. 야단과 지적은 사람을 반성하게도, 바꾸게도 할 수 없다. 아프지 않게 말해주는 연습을 평생 해야겠다.

진짜 자존감

| 핀란드가 유보트를 전시한 이유

스승 | 핀란드는 유엔이 세계에서 가장 행복한 나라를 조사할 때마다 상위권에 오르는 나라다. 그런데 세계대전에서 독일 편에 섰다가 엄청난 전쟁배상금까지 물면서 혼난 나라가 핀란드다. 나는 핀란드를 여행하다 공공장소에 독일의 유보트(세계대전 당시 독일 해군이 운용한 잠수함)가 전시된 걸 보고 놀랐다. 유보트는 핀란드로서는 지우고 싶은 역사적 유물인데, 어떻게 모두가 보는 장소에 전시할 수 있는지 놀랐다. 전시한 이유를 알고 나자 핀란드가 위대한 나라라는 생각이 들었다.

핀란드는 자신의 부끄러운 과거를 숨기지 않고 드러내어 다시는 이런 과오를 되풀이하지 않으려 했다. 이는 지금의 자신에 대한 당당함이 있어야 가능한 일이다. 나라가 그런 당당함을 보여줄 때 비로소 국민도 스스로 당당하고 행복한 삶을 이루어나갈 수 있다는 것을 알게 되었다.

제자 | 독일이 과거에 나쁜 짓을 많이 하고도 오늘날 유럽의 최강국으로 거듭난 이유는 성찰과 반성의 힘이 있었기 때문이다. 자신의 과거를 돌아보고 잘못을 솔직하게 인성하고, 이에 합당한 책임을 지려고 최선을 다해 노력한 결과, 세계의 용서와 인정을 받게 되었고 강대국으로 성장할 수 있었다. 진짜 자존감이 있는 나라가 무엇인지 보여준 셈이다.

사람도 진짜 자존감이 있는 사람은 자신의 실수와 잘못을 숨기려 하지 않고 드러내어, 다시 실수를 되풀이하지 않겠다고 자신과 다른 사람에게 약속하고 이를 성실하게 지킨다. 진짜 자존감이 있는 사람은 절대 잘못을 감추지 않는다.

내가 격투기를 좋아하는 이유

│ 좋아하는 것을 따라가면 나를 만난다

스승│　　　　나는 권투나 레슬링처럼 격하게 싸우는 격투기를 좋아했다. 링 위에서 때려눕히는 장면을 보면서 쾌감을 느꼈다. 정신과 의사가 되어 내가 격투기 보는 것을 즐기는 이유를 가만히 생각해보니 억압된 공격성 때문이었다. 누구와 다투면 안 된다는 것을 내면화하고 오래 살다 보니 속에 있던 공격성을 무엇인가로 대리만족해야 했다. 격투기를 좋아한 것은 내가 못하는 공격을 누군가 대신해주었기 때문이었다.

그런데 자주 격투기를 보다 보니 처음과 다른 모습이 눈에 들어왔다. 처음에는 KO를 시키고 두 손을 번쩍 드는 승리한 선수가 눈에 들어왔는데, 어느 순간부터 KO를 당하고 바닥에 누워 있는 패배한 선수가 눈에 들어왔다. 혹시 뇌에 손상이 있는 게 아닐까 걱정되는 마음이 들었다. 그때 알았다. 내 속의 공격성이 이제야 자유로워졌다는 것을.

제자 | 원인 없는 결과가 없다. 내가 무엇을 특별히 좋아한다면 거기에는 무엇인가 심리적 원인이 자리 잡고 있다. 과거에 다 해결되지 못한 어떤 욕구가 원인이 되어 현재 좋아하는 것을 만들어낸다.

언제 찾아뵈어도 유머를 즐기고 온화한 선생님의 마음속 깊이 공격성이 숨어 있다는 것은 짐작조차 할 수 없는 사실이었다. 선생님의 이야기를 들으면서 나도 비슷한 경험을 한 것이 떠올랐다. 일본 영화 중에 잔인한 장면이 나오는 〈자토이치〉를 홀린 듯 보고 또 보면서, 내가 왜 이 영화를 열 번도 넘게 보는지 이해되지 않았다. 그러다 어느 순간 늘 좋은 사람처럼 지내야 하는 상담사라는 직업이 가져온 공격성의 억압이 이런 대리만족을 가져왔다는 걸 이해하게 되었다. 사람은 다 비슷하다. 내가 좋아하는 것을 따라가면 마지막에 나를 만나니 말이다.

지켜야 할 것과 바꿔야 할 것

ㅣ 내 색을 지키며 덧칠하기

스승 ㅣ　　　　오랜 세월 네팔에 다니면서 현지 호텔에 가보면 신기한 느낌이 들곤 했다. 방을 사용할 때의 편리함은 세계 여느 호텔과 다름없는데, 호텔의 분위기는 영락없는 네팔이었기 때문이다. 들어가는 입구부터 방 인테리어가 모두 네팔의 어느 집에 온 것 같았다. 네팔의 분위기가 물씬 풍기는 호텔일수록 숙박비가 비싼 것도 인상적이었다. 이런 느낌은 안이나 밖이 모두 서양 호텔의 느낌이 드는 우리나라 호텔과 대조적이라 오래도록 마음에 남아 있다.

제자 ㅣ　　　　가장 네팔적인 것이 가장 세계적이라고

말하는 호텔이 네팔의 호텔이라면, 가장 세계적인 것이 가장 한국적이라고 말하는 호텔이 우리나라의 호텔이다. 아무리 좋은 다른 문물을 보더라도 자기의 색과 전통을 유지하면서 그 위에 다른 문물의 좋은 점을 보태는 문화가 있는가 하면, 자기의 색과 전통은 뒤로 하고 다른 문물을 그대로 이식하려는 문화가 있다. 우리의 문화는 후자에 속한다.

일부만 바꾸는 네팔의 호텔과 모든 것을 바꾸는 우리의 호텔을 보면서 세상에는 지켜야 할 것과 바꿔야 할 것이 있음을 알게 된다. 내 것을 바꾸지 않고 지키려고만 하는 것도 문제지만, 내 것은 어디 가고 남의 것으로만 바꾸려 하는 것도 문제가 있기는 마찬가지다.

내 것을 지키면서 네 것을 더하려면 우선 내 것이 나쁘지 않다는 마음이 있어야 한다. 그래야 나쁘지 않은 내 것에 좋은 네 것을 보탤 수 있기 때문이다. 나아가 내 것도 괜찮다는 생각까지 할 수 있다면 가장 나다우면서도 또 다른 너의 개성을 보탤 수 있을 것이다. 나는 나로서 나쁘지 않아. 이런 마음이야말로 지키고 보탤 때 필요한 마음이다.

프로이트는 누구인가

| 자기 성찰의 천재다

스승 |　　　　　인간은 양파와 같아서 단순하지 않다. 껍질을 벗기고 벗겨도 그 속에 무엇이 들어 있는지 알 수가 없다. 이런 인간의 양파 껍질을 최초로 벗긴 사람이 프로이트다. 도덕과 이성으로만 이해되던 인간 안에 본능과 무의식이 있음을 발굴해낸 사람이다.

그는 어떻게 이것을 발견할 수 있었을까. 자기 성찰이다. 자신의 어려움을 돌아보고 살피는 과정에서 위대한 발견을 했다. 천재가 자기 성찰을 하면 인류를 성찰하게 하는 데 커다란 영향을 미친다는 것을 프로이트를 보며 깨달았다. 인류까지는 아니더라도 누구나 자기 성찰을 하게 되면 자신은 물론 가까운 주변 사람에게 선한 영향을 미칠 수 있다.

제자 |　　　　　　　얼마 전 부부가 상담을 왔는데, 남편이 말하는 중간에 아내는 끼어들지 않았다. 그런데 남편은 아내가 말할 때 불쑥 끼어들며 '그게 아니라'로 시작되는 이야기를 하곤 했다. 끝까지 들어주는 아내에 비해 남편은 무례한 사람이었다. 이후 상담은 예의에 대한 남편의 성찰에 집중되었다. 처음 남편은 아내가 사실과 다른 말을 하니 바로잡으려고 중간에 끼어든 것이라며 자기 합리화를 했다. 하지만 자신이 하는 말에도 아내가 생각하는 것과 다른 말이 있을 수 있다는 가능성을 이해하게 되자, 자신의 예의 없음에 대해 진지한 성찰을 하게 되었다. 이후 할 말이 있으면 "여보, 내가 잠깐 이야기해도 될까?"라며 예의를 갖추었다. 부부 관계는 이로 인해 더 나은 관계로 발전했다.

이 부부를 보면서 자기 성찰은 나와 남을 모두 살리는 약임을 확인했다. 자기 성찰의 천재였던 프로이트를 생각할 때마다 누구나 작은 프로이트가 될 수 있다는 생각이 든다. 자기 성찰은 어렵지만 어려움을 견딜 만한 충분한 가치가 있는 보물이다.

자기 앞가림형 이기주의

| 건강한 이기주의자가 되어라

스승 | 어릴 때는 철저히 자기중심적이다. 내가 먹던 젖을 다른 아이에게 양보하는 아이를 본 적이 없다. 앞으로도 그런 아이는 나오지 않을 것이다. 아이는 손톱만큼도 남을 생각하지 않아야 생존할 수 있다. 생존형 이기주의다. 그런데 나이가 들면 나 말고 다른 이도 있음을 알게 된다. 이기주의와 이기주의가 만나니 타협만이 살길이다. 이때 타협의 결과가 양보와 배려로 나타난다. 타협형 이타주의다.

그러나 더 나이가 들면 다시 이기주의가 나타난다. 이때 이기주의는 어린 시절의 생존형 이기주의가 아니라 자기 앞가림형 이기주의다. 내가 나를 챙기지 않으면 누군가에게 민

폐를 끼치게 된다. 나이가 들면 이타주의자를 넘어서는 이기주의자가 되어야 한다.

제자 ㅣ   이타주의는 선하며, 이기주의는 악하다는 이야기만 듣고 자랐다. 하지만 나쁘게만 생각되던 이기주의도 상황에 따라 선하기도 하고 건강하기도 할 수 있다는 것이 인생의 묘미다.

분제는 이기주의와 이타주의의 순서가 바뀔 때 생긴다. 아직 나만 생각해야 할 때 부모의 권위나 강압에 의해 만들어진 이타주의는 이후 삶에 후유증을 생기게 한다. 습관적으로 배려를 하는 것 같지만 속마음으로는 겉도는 배려를 하게 된다. 진정한 배려를 원하는 사람에게 익숙해진 사람은 의례적 배려를 하는 사람에게 호감을 느끼지 않는다. 그 결과, 타인의 눈치를 보고 배려하지만 배려받지 못하는 일이 생긴다. 이런 고통을 벗어나고자 중·장년에 이기적이 되면 다른 사람으로부터 손가락질받는 고통을 당하게 된다.

자기 나이에 맞는 이기주의자가 되는 일이 건강한 삶의 조건이다. 나는 죽을 때까지 건강한 이기주의자가 되고 싶다. 그래야 나도 살고 남도 산다.

아름답게 나이 드는 방법

| 나이 든다는 건
즐거운 일이 아니라고 인정하라

스승 | 내 나이가 아흔에 가까워지다 보니 나이 든다는 것에 대해 생각할 기회가 많다. 결론은 나이 든다는 것은 즐거운 게 아니라는 거다. 모든 기능이 떨어지는 건 어떻게 미화해도 즐거울 수 없다. 세월이 주는 힘이 나이 드는 것이고, 그 힘에 따라야 하는 게 인생이다. 이런 생각을 하다 보면 나이 드는 것은 누구나 할 수 있는 일이지만, 아름답게 나이 드는 것은 아무나 할 수 있는 일이 아니라는 생각이 든다.

나이가 들어 즐겁지 않은데도 자꾸만 즐거운 것을 찾고, 즐겁다고 생각하려고 애쓰는 모습을 보면 어쩐지 안쓰럽다. 그보다는 즐겁지 않다는 사실을 인정하는 것이 오히려 아름답게 나이 드는 비결이 아닐까. 세상 모든 일은 그것을 인정하고 받아들이고 나면 담담하고 편해진다. 그리고 묘하게 여유가 생기고 의욕이 생긴다. 이때 생기는 의욕은 작지만 소중한 의욕이다. 이 의욕이야말로 노인을 아름답게 만드는 값진 의욕이다. 나는 즐겁지 않으면서도 아름답게 나이 들고 싶다.

제자 |　　　　　육십이 가까워지는 나이에 아흔이 다 된 선생님을 뵐 때마다 나는 나이 드는 것이 무엇인가 생각한다. 내 나이에 선생님은 어떠했을까 생각하면 여지없이 나보다 더 건강하고 활기찼을 선생님이 떠오른다. 매 앞에 장사 없고 세월 앞에 장사 없다고, 나이가 들면 기억력도 신체 기능도 모두 저하된다. 나도 선생님처럼 늙겠구나. 그리고 약해지겠구나. 그렇다면 어떻게 늙고 약해져야 할까.

억지를 부리지 않고 자연스럽게 나이 들어가는 것이 가장 잘 늙고, 아름답게 약해지는 비결임을 선생님을 보면서 알게 된다. 그래, 늙고 약한 이게 나다. 이렇게 받아들이고 인정하는 일을 지금부터 날마다 연습해야겠다. 나도 아름답게 나이 들고 싶다.

2 • 관계

공존의
시대에
필요한 고민

뒤에 오는 사람이 스승이다

| 기꺼이 학생의 마음으로 살아야 한다

스승 | 의과대학 교수로 정년 퇴임할 때 나는 제
자 교수들에게 말했다. "지금, 이 순간까지는 내가 여러분
의 스승이지만 이 퇴임식이 끝나고 나면 그때부터는 여러분
이 나의 스승이고 내가 여러분의 제자입니다. 내가 묻는 것
이 어리석고 분별없더라도 성의 있게 대답해주면 좋겠습니
다." 그 후 실제로 내가 몰라서 무엇을 물어보면 제자들은
나에게 친절하게 대답을 잘 해주었다. 나는 제자들의 학생
이 되어 행복했다.

제자 | 스승이란 더 많이 아는 사람이 아니라

더 많이 알려는 마음을 가진 사람이다. 나는 그것을 선생님과 오랜 세월을 보내면서 자연스럽게 알게 되었다. 많은 정보를 아는 것으로는 AI나 포털 검색을 당할 수 없지만, 우리는 그것들을 스승이라 부르지 않는다. 스승의 본질이 진리를 목말라 하며 간절히 찾는 구도자이기 때문이다. 그래서 스승의 자격 가운데 으뜸은 자리에 연연하지 않는 마음으로 오직 진리에 따라 누구에게나, 무엇에게나 배우려는 마음을 내는 유연함이라 할 수 있다.

조신시내 내학사었넌 퇴계 이황 선생에게 약관의 어린 나이였던 이이가 찾아왔다. 몇 시간 동안 천지와 인간의 이치를 논한 후에 이이가 인사를 하고 돌아갈 때, 퇴계 선생은 이례적으로 동구 밖까지 그를 배웅했다. 멀어져가는 이이를 바라보며 퇴계 선생이 중얼거렸다. "후생가외(後生可畏)라. 뒤에 오는 사람이 가히 두렵구나." 이 일화를 보더라도 퇴계 선생은 스승이라는 자리에 연연하지 않고 진리에 연연했음을 알 수 있다. 진리를 나보다 잘 아는 사람이 있다면 나이가 많든 적든 그는 나의 스승이라는 마음을 가졌던 것이다. 그러기에 많은 이의 큰 스승이 될 수 있었다. 사실 내가 생각하지 못했던 이야기를 하는 사람, 배울 게 있는 사람은 다 나의 스승이다.

이십 대에게 해주고 싶은 말

ㅣ 나는 이십 대를 믿습니다

스승ㅣ　　　시애틀에서 의사 생활을 하는 친구에게 의사인 아들 둘이 있다. 첫째는 딸같이 상냥하고 다정하다. 둘째는 1년 가도 전화 한 번이 없다. 내 친구는 두 아이 중 첫째를 더 예뻐했다. 나는 친구에게 첫째는 딸처럼 다정하니 좋고, 둘째는 무소식이 희소식이라 별일 없이 잘 사니 좋지 않으냐고 했다. 부모는 다 같은 자식이라도 자기에게 더 잘해주는 아이를 좋아한다. 더 잘해준다 못해준다는 것도 생각해보면 다 부모 자신의 기준이다. 기준을 달리하면 잘하고 못하고가 없다. 다 자기 개성대로 잘할 뿐이다. 자기 기준을 내리고 바라보면 이십 대에게 팔십 대도 좋고, 팔십 대에게 이십 대도 좋은 사람이다.

제자 |　　　　　　　　요즘 이십 대는 MZ 세대라 어떻게 대해야 할지 모르겠다는 소리를 많이 한다. 이 말을 뒤집어 생각하면 내가 속한 세대의 기준으로 대하려니 잘되지 않아 어렵다는 뜻이다. 여기서 핵심은 내 기준으로 대하려는 마음이다. 내 기준대로 모든 세대와 잘 소통할 수 있어야 한다는 생각이 꼰대 생각이다. 내가 살던 사회와 시대에는 그때 맞는 기준이 있고, 지금 이십 대에게는 지금 맞는 기준이 있을 뿐이다. 이십 대가 내가 살던 시대에 살았더라면 나와 같은 기준을 가셨을 것이다. 반대로 내가 지금 시대에 이십 대였다면 나 역시 이십 대와 같은 기준을 가지고 세상을 살아가고 있을 것이다.

사람은 누구라도 사회와 시대에 적응해 살아남으려는 본능을 가지고 있기 때문에 자신을 둘러싸고 있는 환경에 자신을 맞추려고 노력한다. 그 과정에서 생기는 것이 가장 잘 살아남을 수 있는 기준이다. 따라서 나의 기준도 남의 기준도 모두 살아남으려는 본능의 산물이다. 내 기준을 놓지 않으면 세상 사람들이 나의 적이 되고, 내 기준을 내려놓으면 세상 사람들이 나의 다정한 친구가 된다.

가슴에 박힌 고마움

> | 어려울 때 한 번 받은 도움이
> 편할 때 백 번 받은 도움보다 낫다

스승 | 중학교 때 가정 형편이 어려웠던 친구가 음독자살을 시도했다. 우리 친구들 사이에 갑론을박이 벌어졌다. 한 친구는 자살도 본인의 선택이니 존중해야 한다고 어른스럽게 말했다. 나는 정말 자살하려고 했는지 일단 살려놓고 물어보자고 주장했다. 내 말이 더 일리가 있었는지 급히 응급실로 옮겨 친구를 살려냈다. 다행히 친구는 살려준 나를 고마워했다. 그 후 그 친구를 잊고 지냈다. 내가 수련의 시절 고액의 의사 회비를 내지 않으면 의사 자격을 박탈하는 제도가 생겼다. 나는 낼 돈이 없었다. 그때 그 친구를 찾아갔다. 돈을 빌려달라는 말이 입에서 떨어지지 않아 아침에 가서 점심 먹을 무렵에야 힘겹게 말을 꺼냈다. 그러

자 그 친구는 어디에 언제 쓰느냐 묻지도 않고 두말없이 돈을 빌려주었다. 그 고마움이 내 가슴에 깊이 박혔다.

그 후 그 친구가 세상을 떠날 때까지 나는 알게 모르게 그 친구를 많이 도와주었다. 사람은 서로 돕고 사는 존재라는 걸 그 친구를 생각할 때면 떠올리곤 한다.

제자 | 중학교 때 자신을 살려준 친구가 곤경에 처했을 때 두말없이 도와준 친구, 곤경에 처한 자신을 도와준 친구를 평생 보살피고 도와준 친구. 두 사람의 아름다운 우정이 우리에게 전하는 메시지는 '도우려면 꼭 필요할 때 도와주라'다. 인생의 갈림길에 서서 누군가의 도움이 눈물 나게 절실한 때가 사람마다 한 번씩 있게 마련이다. 그럴 때 조건 없이 도와주는 사람의 은혜는 평생 잊지 못한다.

기왕 누군가를 도울 거라면 내가 돕고 싶을 때가 아니라 그가 간절히 도움을 필요로 할 때 도와주어야 한다. 그것이 도움을 받는 사람이나 도움을 주는 사람에게 소중한 경험이 된다. 도움이 가장 필요한 때가 언제인지 평소 관심을 가지고 관찰하고 발견해 돕는 사람이 진짜 친구다.

도움의 척도

> | 내 생각대로 도와주다
> 상대에게 곤란을 줄 수 있다

스승 |　　　　내가 결혼해 아이들을 낳고 살다 보니 아이들이 너무 텔레비전에 빠지는 것 같았다. 내심 텔레비전을 없애고 싶었다. 어느 날 밤, 내 마음을 알았는지 도둑이 들어 텔레비전을 들고 나가는 게 아닌가. 나는 실눈을 뜨고 보면서 속으로 쾌재를 불렀다. 도망가는 도둑을 향해 소리치지도, 잡지도 않았다. 아이들은 텔레비전이 없자 책을 보기 시작했다. 기분이 좋아졌다.

그러던 어느 날, 의과대학 시절 가정 형편 때문에 중퇴하려는 친구를 내가 말려 의사가 되고 큰돈을 번 그가 우리 집에 들렀다. 텔레비전이 없냐고 해서 없다고 했더니 말없이 돌아갔다. 며칠 후 엄청 좋은 텔레비전이 배달되어 왔다. 그 친구가 내게 텔레비전이 없는 게 안됐다고 보낸 것이다. 나는 난처한 입장이 되어버렸다. 결국 우리 집에는 다시 텔레비전이 걸리게 되었다. 지금도 그 친구를 생각할 때마다 어떤 도움이 정말 도움이 되는지를 다시금 생각하곤 한다.

제자 |　　　　　"내가 언제 도와달라고 했냐." 이런 소리를 들을 때가 있다. 나도 선생님의 경험처럼 신촌 지하철역에서 친구를 기다리던 시각장애인 손을 익시로 끌고 밖으로 데리고 나온 적이 있다. 앞이 보이지 않으니 도와주려 했던 거다. '어어' 하다 밖으로 이끌려 나온 그는 내가 언제 도와달라 했느냐며 나에게 크게 화를 냈다. 이어진 그의 사정 이야기를 듣고 나는 쥐구멍에라도 숨고 싶었다.

때때로 호의는 상대에게 불쾌한 경험을 안겨줄 수 있다. 특히 그가 원하지 않는 도움일 경우 나의 호의는 되려 그의 당혹감과 난처함을 유발할 수 있으며, 그를 몹시 곤란한 지경으로 몰아넣을 수도 있다. 이런 실수를 하지 않기 위해서는 정말 이것을 그가 원하는지 확인할 필요가 있다. 잘해줘도 알고 잘해주어야 한다.

더 이상 통하지 않는 이심전심

| 새로운 소통의 시대가 시작됐다

스승 | 사람과 사람 사이에 통하는 것을 소통이라 한다. 소통의 방법은 크게 두 가지가 있다. 하나는 이심전심이다. 말하지 않아도 눈빛만 보면 어떤 마음인지 척 알아차린다. 만나는 사람이 적고, 반복해서 만날 경우 이런 소통이 가능했다. 사회는 단순했다. 과거 농경사회에서 우리의 소통은 이심전심이 대세였다.

또 다른 하나는 말해야 알아듣는 것이다. 만나는 사람이 많고, 스치듯 만나는 경우가 많을 때 요구되는 소통은 묻고 답해야 알아듣는 소통이다. 사회는 복잡해졌다. 말하지 않으면 내가 무슨 마음인지 상대는 알 도리가 없다. 요즘 소통은 두 번째 소통이 대세를 이루고 있다.

제자 | 깊은 만남이 구조적으로 어려운 사회에 우리가 살고 있다. 그럼에도 불구하고 소통은 꼭 필요하다. 그러면 어떻게 해야 할 것인가.

중국의 강태공은 자기를 알아주는 사람이 나타날 때까지 72년을 기다렸다. 이 방법은 더 이상 통하지 않는다. 그럴 여유나 마음을 가진 사람이 없기 때문이다. 이와 상반된 사람으로 공자는 나를 써달라며 13년 동안 온 중국을 돌아다녔다. 지금 써야 하는 방법은 공자와 같은 방법이다. 상대가 나를 알아주기를 기다릴 것이 아니라 내가 어떤 사람이고, 어떤 감정을 가졌는지 상대에게 다가가 알리는 적극적인 노력이 필요하다. 그것도 너무 길고 지루하게 알려서는 안 된다. 짧고 인상적으로 자신을 표현하는 방법을 스스로 발견하고 다듬어야 한다. 그래야 바쁘고 할 일이 많은 상대가 나의 말에 귀를 기울여준다. 그리고 자신의 이야기도 나에게 들려준다. 소통이 중요한 것은 예나 지금이나 마찬가지지만 그 방법은 시대의 변화에 따라 달라져야 한다.

좋은 친구가 생기지 않는 이유

ㅣ 남이 원인이 아니라
내가 원인일 수 있다

스승 ㅣ　　　　　몇 해 전 꽃을 소재로 책을 쓰면서 깨달은 게 하나 있다. 벌이나 사람에게 사랑받는 꽃들은 다 그럴 만한 이유가 있다는 것이다. 꽃이 예쁘고 향기도 곱다. 게다가 귀한 약재로도 사용된다면 어찌 사랑받지 못하겠는가. 꽃이 사람에게 말을 할 수 있다면 내가 가지고 있는 것만큼 사랑받을 수 있으니 당신도 그런 노력을 하라고 이야기할 것이다.

옛말에 '복은 스스로 안고 태어난다'는 말이 있다. 마찬가지로 사랑은 스스로 준비된 만큼 받을 수 있다. 받을 준비가 되어 있는 만큼 사람들에게 관심과 호의를 받는 것이 사랑의 본질이다.

제자 | 나는 마흔이 다 되도록 결혼하지 못했다.
어느 날 대학원의 교수님이 내게 물었다. "너는 왜 아직 결혼하지 않냐. 혹시 좋은 여자를 아직 못 만나서 그런 거냐?" 정곡을 콕 집어 이야기하는 것 같아 얼른 그렇다고 대답했다. 그러자 교수님이 웃으며 말했다. "거꾸로 된 거 아니냐. 네가 좋은 남자가 되어 있어야 좋은 여자가 나타나는 거 아니겠냐?"

순간 숨이 막혔다. 반박 불가. 맞는 이야기였다. 내가 50점밖에 되지 않는 남자인데 90점인 여자를 바라면 되겠는가. 그건 양심 없는 도둑 심보다. 90점 되는 여자에게도 염치없는 짓이다. 또 90점 되는 여자가 50점밖에 안 되는 나를 몰라보겠는가. 알아본다면 가까이 오겠는가.

어찌 결혼만 그럴까. 모든 인간관계에 이 원리가 통한다. 청소년들은 흔히 자신에게는 친한 친구가 없다고 고민하곤 한다. 그럴 때 먼저 물어보아야 한다. 나는 친구들이 좋아할 무엇을 가지고 있는가. 꽃조차 사랑받을 모양과 향기를 지니고 있다.

사랑과 미움의 대상

| 있는 그대로의 어머니를 바라보다

스승 | 　　　　어머니란 사랑과 미움의 대상이다. 안락한 배 속에 열 달 동안 나를 품으며 천국 같은 완전한 안전과 평안을 주었으니 사랑의 대상이고, 어느 날 불쑥 힘들고 괴로움이 가득한 세상 밖으로 나를 내쫓았으니 미움의 대상이다. 어머니에 대한 사람의 이런 양가감정은 평생을 두고 이어진다. 가장 사랑하는 것도 어머니요, 가장 괴로움을 주는 것도 살면서 어머니인 경우가 많다.

'누구나 한 번쯤은 사랑에 울고 누구나 한 번쯤은 사랑에 웃고'란 고(故) 김현식의 노래 가사처럼 누구나 한 번쯤은 어머니 때문에 울고 누구나 한 번쯤은 어머니 덕분에 웃는다. 두 가지를 균형 있게 바라볼 때 어머니도 자식도 편안할 수 있다.

제자 |　　　　　　　어설픈 부모 밑에서는 자식 노릇 하기가 참 힘들다는 말이 있다. 그런데 가만 들여다보면 어설프지 않은 부모가 없다. 엄마 역시 마찬가지다. 타고나면서부터 엄마인 사람은 없다. 자식을 낳아 기르는 것도 처음인 게 엄마인지라 시행착오는 필수다. 그래서 좌충우돌하면서 아이 마음에 상처도 주고, 진한 감동을 주기도 한다. 그런 엄마를 원망의 대상으로만 보는 것도 문제가 있지만, 무조건 지고 지순한 사랑의 화신이요 감사의 대상으로만 보는 것도 문제가 있다. 그보다는 엄마도 인간인지라 잘할 때도 있고, 못할 때도 있다고 보는 것이 있는 그대로 엄마를 바라보는 바람직한 방법이다.

엄마를 사랑과 존중의 대상으로만 바라보아야 한다고 은근히 부추기는 세상에서 엄마는 사랑의 대상이자 미움의 대상이라고 이야기할 수 있는 사람이 얼마나 될까. 선생님의 엄마에 대한 이야기를 들으며 비로소 나를 길러준 엄마에게 진솔한 마음의 화해와 사랑을 느낄 수 있었다. 엄마에 대한 태도 역시 균형이 중요하다.

자식과 부모의 기억은 왜 다를까

| 서로 그리는 세상이 다르다

스승 | 　　　자식과 부모는 같은 세월을 산다. 그런데 그 세월의 흔적에 대한 대차대조표를 써보면 일치하지 않는 경우가 많다. 똑같은 경험을 했는데도 왜 서로 다르게 그 시절을 기억하는 것일까.

부모는 자식에게 애써서 잘해준 것을 위주로 기억한다. 이에 반해 자식은 부모에게 섭섭하거나 상처받은 것을 위주로 기억한다. 그래서 정반대로 기억하는 경우도 심심치 않게 생긴다. 그뿐만이 아니다. 부모가 관심을 가지는 것과 어린 자식이 관심을 두는 것은 다르다. 그래서 자기가 관심을 가진 것만 기억하게 된다. "너희는 그게 기억나지 않니?", "아버지는 그걸 기억 못하신단 말이에요?" 이것이 어느 집에서

나 일어나는 기억에 관한 희비 쌍곡선이다.

제자 | 자녀가 어릴 때 부모는 주는 사람이고, 자녀는 받는 사람이다. 신기하게 주는 사람은 욕을 먹는 경우가 많고, 받는 사람은 욕을 하는 경우가 많다. 받는 것을 당연하게 여기기 때문에 잘하는 것은 눈에 들어오지 않고, 마음에 안 드는 것만 눈에 들어오고 화가 나게 된다. 부모가 억울한 것은 바로 이 지점이다. 열 번 잘해수고도 한 번 섭섭하게 하면 다 섭섭하게 한 것으로 되기 때문이다. 이런 이유로 부모에게 자식이 늘 고마운 것만 기억하도록 평소 잘하라는 요구를 하기 어렵다. 잘하지 말라고 해도 지나치게 잘하려고 하는 것이 보통 부모들이기 때문이다.

도리어 아무리 내가 잘해주어도 못해주는 것 한 번으로 무위가 될 수 있으니, 못해주는 걸 줄이는 것이 더 현실적인 해결책이 될 수 있다. 열 번 잘해주는 것보다 한 번 상처를 주지 않는 것이 더 효과적이고 효율적인 방법이다. 덜 상처를 주면서 평소 하던 대로 사랑을 주며 사는 삶이야말로 자녀에게 줄 수 있는 아름다운 추억의 사진첩이다.

왜 싸워야 할까

| 싸우지 않으면 서로를 알 수 없다

스승 |　　　　　　간혹 한 번도 싸우지 않고 산다는 부부를
만난다. 그럴 때마다 나는 걱정이 된다. 싸우지 않는다는 것
은 바람직해 보이지만, 싸우지 않으면 얻지 못할 것이 많다.
사람은 서로 다르기 때문에 싸우지 않으면 무엇이 다른지
알 수 없다. 또한 싸우지 않으면 싸운 뒤에 깊어지는 친밀감
이 옅을 수 있다.

싸운다는 것을 굳이 주먹과 발이 난무하고 고성과 욕설이
오가는 상황이라 연상할 필요는 없다. 싸운다는 것은 서로
다른 의견을 나눈다는 것이다. 이렇게 싸움의 의미를 넓게
바라보면 싸움은 필수적이고, 부부 사이의 바람직한 의견
교환이자 이해 과정이라 보아도 좋다.

제자 |　　　　　　　신체적 폭력을 가하는 부부들을 오랜 세월 상담하다 보니 내게 부부싸움이란 흉기가 등장하고, 험악한 표정으로 물건이 날아다니는 장면이 연상되곤 한다. 그런 장면이 없었다는 이유로 지금까지 나는 우리 부부가 한 번도 싸운 적이 없다고 오해하며 살아왔다. 다른 의견을 나누는 과정이 싸움이라는 선생님의 이야기를 듣자 내가 얼마나 자주 부부싸움을 해왔는지 이해되었다. 다만 그 방법이 반칙을 하지 않았다는 것뿐, 링 위에 오른 권투선수들처럼 벨트 아래를 가격하거나 물지 않고 스트레이트와 훅을 주고받으며 다른 의견을 던지고 받고 조정해왔다. 싸움을 무엇이라고 생각하는가에 따라 한 번도 하지 않은 싸움이 수없이 많이 한 싸움이 되기도 하니 신기하다.

선생님은 싸움을 잘하는 비결을 가르쳐주시곤 했다. 부부싸움의 목적이 이기는 것이 아니라 화해라는 것이다. 승리를 전제로 싸워서는 누구도 이기지 못하는 게 부부싸움이며, 화해를 전제로 하면 누구도 지지 않는 게 부부싸움이다. 앞으로 더 자주 싸워야겠다.

투쟁 관계

| 부부는 나 알아달라고 싸운다

스승 | 좋아하는 텔레비전 프로그램이 다른 부부가 있었다. 아내는 드라마와 예능 프로그램을 좋아하고, 남편은 다큐멘터리와 뉴스를 좋아했다. 그래서 자주 다투었다. 나는 해결책을 묻는 부부에게 텔레비전을 한 대 더 사라고 조언했다. 서로 좋아하는 것을 포기할 수 없는 노릇이라 서로 좋아하는 것을 보면 될 일이다. 그런 방법을 찾지 않고 하나의 텔레비전으로 배우자가 좋아하는 것을 희생하게 하고, 내가 좋아하는 것을 보려고 하는 것에서 갈등과 싸움이 시작된다.

부부는 원앙처럼 살아야 한다고 말하지만 따지고 보면 기본적으로 투쟁 관계다. 내가 좋아하는 것을 상대도 하기를 바라는 두 사람이 모여 타협하며 사는 것이 부부다. 그러다 보니 지혜가 많이 필요한 관계가 부부 관계다. 그 지혜의 핵심은 어느 정도 상대가 좋아하는 것을 해주지 않고서는 내가 좋아하는 것만 취할 수 없다는 것이다. 이것만 알아도 부부 관계에서 싸움이 많이 줄어들 수 있다.

제자 │ 　　　　　　　부모와 부부의 차이가 무엇일까. 부모는 자녀에게 다 해주고도 혹시 더 해줄 게 없나 고민하는 사람이고, 부부는 혹시 저 사람이 나에게 해준 것보다 내가 더 해준 게 없나 계산하는 사람이다. 이렇듯 부부 관계는 서로 해주는 것만큼 받는 계산이 철저한 관계이기도 하다. 이것을 이해하게 되면 정신이 번쩍 든다. 자업자득이다. 내가 배우자에게 한 만큼만 배우자에게 받을 수 있다.

부부가 되었다는 이유만으로 상대에게 내가 좋아하는 걸 하길 바라는 건 욕심이다. 부부는 글자도 똑같은 '부'와 '부'다. 서로 기숙사 룸메이트로 만났다고 생각하고 사는 것이 가장 사이좋게 사는 비결이다. 금실 좋은 부부로 사는 원리가 멀리 있지 않다.

모두 모두 뜬소문

|자기 생각을 하나씩 보태는 게
  소문이다

스승| '아니 땐 굴뚝에 연기 나랴'는 속담이 있다. 그런데 아니 땐 굴뚝에 연기 나는 게 있으니, 그것이 소문이다. 소문은 하나의 사실이 한 사람을 건너갈 때마다 그 사람의 생각 한 방울이 보태져 만들어진다. 한 방울이 모이면 큰 강물이 된다. 호텔에서 두 사람이 나오는 것이 열 사람을 건너면 아기가 태어난 것으로 되는 것이 소문이다.

내가 연세대학교 전임 강사로 갔을 때 위에 조교수 한 분이 있었다. 인턴을 할 때 알게 된 인연으로 친했다. 얼마 지나지 않아 학과 내 파벌이 있다는 걸 알았다. 나를 채용한 교수는 이 조교수와 갈등 관계에 있었는데, 나에게 자기편을 들어달라고 했다. 중간에서 곤란했다. 나는 조교수에게 만나자고 했다. 만난 자리에서 말했다. "아니 땐 굴뚝에도 연기가 날 테니, 선생님과 내가 만나서 하는 이야기 이외에는 절대로 믿지 맙시다. 그러면서도 의심나는 것이 있으면 둘이 만나서 풉시다." 그렇게 둘이 약속했다. 아니나 다를까 그 뒤에 이런저런 소문이 들려왔다. 그러나 이미 약속한 우리는 어떤 소문에도 흔들리지 않았다. 그 덕분에 지금도 그 선생님과 50년째 친하게 지내고 있다.

제자 | 멀쩡하게 잘 지내던 사이가 소위 '카더라 통신', 즉 뜬소문에 무너지는 경우가 적지 않다. 그 사람이 그런 말을 했다는 걸 제삼자에게 듣고 배신감과 분노를 느껴 관계를 단절하는 경우가 비일비재하다. 아니 땐 굴뚝에 연기 나겠느냐고 생각하기 때문이다. 이를 예방하는 가장 좋은 방법은 미리 그 사람과 약속하는 것이라는 걸 선생님을 통해 알고 나니 속이 시원했다. "누가 뭐라 해도 나는 당신에게 직접 들은 이야기만 믿겠습니다." 그것이 신뢰의 첫 단추인 것이다.

미래의 가족

| 같이 한 공간에 살아야만 가족인가

스승 | 내가 60여 년 전 가족에 대한 논문을 보았을 때 미래에 가족은 사라진다고 쓰여 있었다. 그런데 얼마 후 미래학자 앨빈 토플러(Alvin Toffler)는 미래의 가족은 대가족이라고 이야기했다. 당시 우리 사회는 산업화와 도시화로 대가족이 점점 사라지고, 도시로 이주하는 소가족, 핵가족이 대세로 되어가고 있어서 미래의 가족이 대가족이라는 토플러의 말이 이해되지 않았다.

세월이 지나 지금 생각해보니 가족이 사라진다는 말도 맞고, 대가족이 된다는 말도 맞았다. 그 이유는 가족이라는 개념이 달라졌기 때문이다. 내가 생각한 가족은 반드시 부모와 자녀가 한 지붕 아래 같이 살아야 했다. 공간적 공유가 가족 개념의 핵심이었다. 그런데 가족 개념의 핵심을 정서적 공유라고 하면 이야기가 완전히 달라진다. 아무리 멀리 떨어져 있어도 마음이 서로 통하면 가족이다. 그래서 전통적인 공간 가족은 사라지고, 정서 가족은 더 끈끈해져 대가족이 될 수 있다.

제자 |　　　　　　　 가족이 함께 사는 혈연을 나눈 사람들이란 생각에서 마음이 통하고 감정이 교류되는 가까운 사람들이란 생각으로 바뀌면서 다양한 형태의 가족이 탄생했다. 생각이 바뀌면 정의도 바뀐다. 가족뿐만 아니라 마을의 개념도 달라지고 있다. 공간 마을이 사라지고 정서 마을이 속속 등장하고 있다. 취미와 기호가 같으면 미국과 한국의 사람들이 하나의 마을을 만들어 살 수 있는 시대가 되었다. 이제는 공간이 가족과 마을에 있어 커다란 의미를 지니지 않는 것이다.

가족과 마을의 새로운 정의는 우리에게 진짜 가족이란 무엇이 있어야 하는가, 진짜 마을이 되려면 무엇을 준비해야 하는가를 진지하게 묻고 있다. 어쩌면 지금 우리는 더 나은 가족과 마을을 만들어가고 있는 중일지도 모른다.

파면하는 진짜 심리

| 너에게 당하기 전에 내가 칠 거야

스승 | 내가 아는 교수 한 분은 주임교수였다. 그는 아랫사람이 자기를 떠나려는 기미가 보이면 용서하지 못했다. 다른 곳으로 직장을 옮기려고 하는 낌새를 눈치채는 순간, 자기를 버리고 떠난다는 생각이 들어 싫어했다. 교수가 이것을 수습하는 방법은 언제나 같았다. 파면이었다. 그가 사표를 내기 전에 교수가 먼저 파면시키는 것이다. '네가 나를 떠나는 건 있을 수 없다. 내가 너를 자르는 것이다.' 이게 그 교수의 마음속 소리였다.

제자 | 인간관계에서 잘 지내던 관계를 무 자르

듯 댕강 자르는 사람들이 있다. 그런 사람들의 속을 살펴보면 불안정을 읽을 수 있다. 표면적으로는 헤어질 수밖에 없는 이런저런 이유를 대지만 실상은 자기가 차일까 겁내는 것이다. 상담하다가 만난 사람들 가운데는 일부러 자기가 잘못을 저질러 상대가 자기와 관계를 끊도록 하는 경우도 있었다. 언젠가 단절될 것이란 생각을 하니 불안해 견딜 수가 없어 스스로 먼저 잘못을 저질러 상대를 화나게 하는 것이다.

남을 자르는 사람이나 자기가 잘릴 짓을 하는 사람이나 마음은 같다. 언제 떠날지 모른다, 언제 잘릴지 모른다, 그게 불안한 것이다. 왜 이런 마음이 생길까? 간단히 말하면, 자신에 대해 모르기 때문이다. 내가 얼마나 괜찮은 사람인지 모르기 때문에 스스로를 별로라고 오해하는 것이다. 내가 별로인데 누가 나를 떠나지 않겠는가. 또 누가 나를 버리지 않겠는가. 그런 불안함으로 인해 매도 먼저 맞는 게 낫다고, 불안함을 미리 없애고 싶어서 관계를 자르고 분통 터지는 짓을 하는 것이다.

우리가 살아가면서 보물 찾듯 찾아야 하는 것이 하나 있다. 나 자신이다. 내가 어떤 사람인지 알게 되면 굳이 자르거나 잘리지 않는다는 걸 알게 된다. 답은 따로 있다.

윈-윈 하는 인간관계

│ 상사가 나와 다른 것이 당연하다

스승│　　　　　인간관계는 찬물과 뜨거운 물을 섞는 것과 같다. 내가 찬물이면 상대방은 뜨거운 물이다. 왜 찬물이 아니냐고 주장해도 안 되지만 내가 뜨거운 물이 되려고 애써도 소용이 없다. 두 물이 적당하게 섞여 미지근한 물로 타협을 하며 지내야 한다.

특히 상사가 나와 다른 뜨거운 물이라면 적으로 여길 것이 아니라 앞으로 나의 인간관계를 훈련시키기 위해 내 인생에 온 선생님이라고 생각하는 것이 나에게 도움이 된다. 어디를 가도 뜨거운 물이 있다고 생각하면 된다. 그렇다면 여기서 제대로 연습해서 다른 곳에 가더라도 잘 적응하도록 해보자고 마음먹어야 한다.

나도 의과대학 시절 마음에 들지 않는 교수와 싸워 이겼는데, 지금 돌아보니 내가 진 것이었다. 그분에게 배울 것만 배우면 되는 것이지, 성격까지 바꿔가면서 이기려 들며 아무것도 얻지 못했으니 진 것과 마찬가지다.

나한테 안 맞는다고 상대를 바꿀 필요는 없다. 또 상대가 바뀌지도 않는다. 상대로부터 필요한 것은 취하고 성격은 그대로 두면 된다. 이것이 서로 윈-윈 하는 직장에서의 인간관계법이다.

제자 |　　　　　　　이기고도 지는 싸움이 있고, 지고도 이기는 싸움이 있다. 이기고도 지는 싸움은 정서적으로는 후련해서 이긴 것 같은데 실리적으로는 얻는 것이 아무것도 없는 싸움이다. 이에 비해 지고도 이기는 싸움은 정서적으로는 후련하지 않지만 실제로 나에게 유용한 자원이나 도움을 얻는 것이다.

직장은 인격이 교류하는 장이 아니라 이익을 내려는 연합 모임이므로 별의별 사람이 다 있다. 감정보다는 실제적 이익을 우선 가치로 인간관계를 이해하고 활용하는 것이 현명하게 생활하는 비결이다.

아무에게나 잘할 수는 없다

| 나의 성격부터 돌아보아야 한다

스승 | 직장생활을 하면 여러 성격의 사람을 만난다. 나도 여러 성격 가운데 하나이기 때문에 여러 성격과 두루 어울리면 좋겠지만 그게 마음처럼 잘되지 않는다. 나에게 맞는 사람과는 편안하게 어울리겠지만, 맞지 않는 사람과는 아무래도 불편하고 힘들 수밖에 없다.

이때 잘 생각해야 하는 것은 나와 잘 맞지 않는 사람과 잘 지내야만 하는지다. 경우에 따라서는 잘 지낼 수 없는 것이 답이 될 수 있다. 그런 사람은 내가 감당할 수 있는 용량을 넘어서는 경우다. 내가 가진 성격 강도가 50밖에 되지 않는데, 그 사람과 잘 지내려면 500이 필요하다. 이럴 때는 잘 지내려는 마음을 얼른 내려놓아야 한다. 누구라도 잘 지내야 한다는 것은 나에게 너무 무리한 요구를 하는 것이다. 그러면 잘 지내지도 못하고 결국 내 마음에 병이 나게 된다.

제자 |　　　　　　　　내 그릇 크기만큼만 남을 담을 수 있다. 사람이 나이가 들면서 더 다양한 사람과 편하게 어울릴 수 있는 이유는 다른 사람이 변해서가 아니라 나의 그릇 크기가 더 많은 사람을 담을 수 있을 만큼 커지기 때문이다.

내 그릇이 크지 않다는 것은 부끄러워할 일도 자랑스러워할 일도 아니다. 그냥 이 정도의 그릇이라 인정하면 그만이다. 내 그릇이 작은 대야인데 큰 호수의 물을 담을 수는 없다. 우리는 습관적으로 다른 사람과의 관계를 생각할 때 그 사람의 결함, 그 사람의 그릇 크기, 그 사람의 문제에 집중하는 경향이 있다. 그러나 그 사람 역시 상대인 나의 문제에 집중하고 있다. 그러므로 인간관계의 출발은 나의 성격, 문제, 그릇 크기여야 한다. 내 그릇의 크기를 알고 적당한 양을 담는 것이 인간관계의 원칙이다.

3 • 위기

헤쳐 나갈
해답을
찾는 과정

세상에서 제일 하기 쉬운 말

| 남에 대한 이야기를 하는 게 제일 쉽다

스승 |　　　　　　　내가 삼십 대 의사 시절, 의사들이 보는 신문에 연재를 해달라는 청탁을 받고 내 이야기를 써도 좋겠느냐고 제안을 했다. 내가 치료하면서 의사인 나에 대해 느낀 것과 깨달은 것을 솔직하게 쓰면 나도 성장하고, 내 글을 보는 의사들에게도 도움이 될 것이라 생각했다. 그것이 착각이었다는 걸 발견하기까지는 그리 오래 걸리지 않았다. 나는 열 편도 채 쓰지 못하고 연재를 중단하고 말았다. 원고지 한 칸 크기가 집채만 해 보이기까지 했다. 솔직하게 모든 나의 치부까지 이야기한다는 것이 너무 힘들었다.

그러다 환자 이야기로 바꿔 쓰겠다고 하고 글을 썼는데, 순풍에 돛 단 듯 몇 년 사이에 무려 300편의 글을 썼다. 이를 묶어 첫 책으로 출간하며 서문을 쓰려고 자리에 앉으니 이 모든 환자 이야기가 실은 나의 이야기였음을 알게 되었다. 환자 이야기로 쓰면 너무나 쉬운 것이 주어만 바꿔 내 이야기를 쓰려니 정말 어려운 일이라는 걸 그때 깨달았다. 세상에서 제일 어려운 일이 내 이야기를 솔직하게 하는 것이다.

제자 | 　　　　　시민들을 대상으로 상담 교육을 하다가 고민이 있으면 한번 이야기해보시라고 권할 때가 있다. 그럴 때 사람들은 십중팔구 "이건 제 친구 이야기인데요" 하고 말을 꺼낸다. 그럴 때 상담자는 속으로 '아, 자기 이야기를 꺼내고는 싶은데, 솔직하게 말하기가 어려우니까 친구 이름을 빌려오는구나' 하고 알아차린다. 상담자인 나 또한 그런 자리에서 고민이 있느냐고 물어오면 "제 아는 분 이야기인데요" 하고 말을 꺼내곤 했다. 세상에서 제일 힘든 일은 아무것도 걸치지 않은 자신의 속마음을 마주하는 것이다. 정신과 의사조차 그것이 힘든 일이라고 한다면 일반 사람인 우리야 오죽하겠는가. 그건 의사냐 아니냐는 차원을 떠나 인간이라면 누구나 경험하는 것이다.

알게 모르게

| 지은 죄도 있지만 지은 선도 있다

스승 |　　　공황기에 케네스 벨링(Kenneth belling)이라는 부자가 사업의 어려움으로 자살할 결심을 했다. 그러던 어느 날, 흑인들이 사는 거리를 지나다 지갑이 없어진 걸 발견했다. 노심초사하고 있는데 한 소년에게 전화가 왔다. 지갑을 가지고 있다는 것이었다. 소년을 만나러 가보았더니 지갑 속 돈이나 물건이 하나도 없어지지 않았다. 그런데 소년은 1달러만 달라고 했다. 이유를 묻자, 지갑을 주워 연락처를 보고 전화를 하려니 돈이 없어 동네 가게 할아버지에게 1달러를 빌렸고, 그 돈을 갚아야 한다는 것이었다. 소년의 정직한 마음에 크게 감동한 케네스 벨링은 이처럼 좋은 사람이 있는 세상에서 다시 살아가야겠다는 마음이 들어 이

일을 계기로 자살할 마음을 접었다고 한다.

소년은 자신이 한 사람의 목숨을 건질 줄은 상상조차 하지 못했지만, 그의 정직이 한 사람의 귀한 생명을 살리는 큰일을 한 것이다.

제자 |　　　　　사람이 짓는 죄를 비율로 따져보면 알고 짓는 죄보다는 모르게 짓는 죄가 많다. 그래서 우리는 의식적으로 죄를 짓지 않기 위해 노력해야 하고, 혹시 모르고 짓는 죄가 없을지 조심하며 살아야 한다. 나는 지금까지 이런 생각을 할 때마다 위축되고 겁이 났다. 내가 나도 모르게 짓는 잘못이 분명히 있을 것이란 두려움 때문이었다.

그런데 케네스 벨링의 일화를 듣고 새로운 세상이 열리는 것 같았다. 어쩌면 내가 남에게 알게 모르게 죄만 짓는 존재가 아니라, 알게 모르게 도움을 주고 선을 행하는 존재이기도 하다는 것을 깨달았기 때문이다. 그러자 나에 대한 대견함이 가슴 깊은 곳에서 올라왔다. 잘못뿐만 아니라 좋은 일도 하는 존재가 인간임을 이해하게 될 때 나를 사랑할 수 있다. 우리는 알게 모르게 지은 죄도 있지만 지은 선도 있다.

사라졌다고 믿는 것과 사라지는 것

│ 과거는 나를 잊지 않았다

스승 │ 아들과 이야기하다가 네덜란드로 박사 공부를 하러 가게 된 뒷이야기를 들었다. 원래 영국으로 가 공부할 예정이었는데, 추천 교수가 서류에 합격한 자신에 대해 '이 학생을 나는 모른다'는 사유를 써서 면접조차 보지 못했다고 했다. 그로 인해 영국으로 유학을 가지 못하고 네덜란드로 가게 되었다. 한참 세월이 지나고 그때 심사를 했던 다른 대학 교수에게 우연히 그 사실을 들었단다.

나는 그 이야기를 듣고 갑자기 화가 나고 흥분하기 시작했다. 내가 대학교에서 교수에게 겪은 부당한 일이 나도 모르게 무의식적으로 떠올랐기 때문이다. 정신과 의사로서 그 일에 대해서는 여러 차례 바라보고 치유했다고 생각했다.

그리고 현실 생활에서 떠오르지도 않아 이제 앙금이 없다고만 생각했다. 그런데 오래 가라앉았던 상처가 아들의 이야기를 듣자 번개처럼 솟아오른 것을 보고 깜짝 놀랐다. 사라졌다고 믿는 것과 실제 사라지는 것은 별개의 문제였다. 사람의 마음은 평생 공부해도 여전히 복잡하고 신기한 존재다.

제찌ㅣ   '나는 과거를 잊었지만 과거는 나를 잊지 않았다'는 유명한 구절이 있다. 마음에 대해 평생 생각하고 정리하고 치료하는 정신과 의사인 선생님조차 과거의 상처와 분노에 대해 완전히 자유롭지 못하다는 사실은 놀라운 일이다.

과거는 언제나 나의 의식보다 힘이 세다. 작은 종을 치면 종소리가 '댕!' 하고 울린다. 그때 손으로 종을 쥐면 종소리가 멈춘다. 그런데 귀에는 여전히 종소리가 울려 퍼지는 느낌이 든다. 귀에 들리는 물리적인 소리는 사라졌지만, 마음속 심리적인 소리는 각인되어 새겨진 것이다. 우리의 과거는 우리 마음에 오래도록 새겨진다. 잊은 듯하지만 사라지지 않는다. 과거는 참 무섭다.

의심도 잘하면 도움이 된다

│ 의심이 늘 나쁜 것만은 아니다

스승 │ 　　　　요즘 우리 사회가 병들어간다는 느낌을 받는다. 예전에는 개인 차원에서 정신장애를 앓았는데, 지금은 집단 차원에서 정신장애를 앓고 있다. 어떤 좋지 않은 일이 생기면 무슨 음모가 있을 거라 의심하는 증세가 예전에는 주로 개인에게 나타났는데, 지금은 사회 대부분 집단에서 나타나고 있어 우리의 미래가 우려된다.

원래 의심은 문명이 발달하는 데 있어 좋은 출발점이었다. 자연현상의 배후에 의심을 품었기에 과학이 발달할 수 있었다. 그런데 같은 의심이 다른 사람에게 가면 나쁜 결과를 가져오는 종착점이 된다. 의심을 나와 남에게 도움이 되도록 쓰는 노력이 지금 우리에게 필요하다.

제자 | 　　　　　의심은 목적이 무엇인가에 따라 도움이 되기도 하고 피해를 주기도 한다. 의심의 목적이 진리의 발견일 때 의심은 나와 남에게 도움이 된다. 그런데 나의 잘못을 인정하지 않기 위한 것일 때 의심은 나와 남에게 피해를 준다.

에디슨은 자기가 만들어낸 것보다 몇 배나 많은 실패를 거듭했다. 실패하면 왜 실패를 했는가 의심했기에 결국 인류가 행복해지는 수많은 발명품을 만들 수 있었다. 새로운 학설도 따지고 보면 이전 학설에 대한 의심으로부터 시작된다. 의심이 없다면 인간은 언제나 과거의 발달 수준에 멈추어 세월이 흘러도 똑같은 수준의 삶을 살 수밖에 없을 것이다.

똑같은 물을 논에 넣을 때는 벼를 살리는 약이 되지만, 홍수로 논을 덮치면 벼를 죽이는 독이 된다. 의심도 목적을 잘 가려 쓰면 모두에게 도움이 되는 약이 된다.

경험의 한계

| 내 틀 속에 넣으려 하지 않기

스승 |　　　　사람은 자기 경험의 한계를 벗어나기 어렵다. 사람마다 자기 경험의 격차로 인해 세대 간, 성별 간, 사회 간 차이가 난다. 그런데도 사람은 자기 경험의 틀 속에서 나가고 싶어 하지 않는다. 그래서 '꼰대'라는 소리를 듣는다. 꼰대는 자기 경험의 틀 속에서 갇혀 사는 사람의 다른 이름일 뿐, 나이가 든다고 되는 것이 아니다.

속으로는 자기 경험에 갇혀 있더라도 말이나 행동으로 다른 사람에게 자기가 믿는 가치를 실천하라고 요구하지 않으면, 드러나지 않은 꼰대로 사람들과 마찰 없이 살 수 있다. 이 좋은 걸 왜 하지 않느냐고 입을 떼는 순간, 공식적인 꼰대가 된다. 꼰대를 면할 방법은 두 가지뿐이다. 새로운 경험을 쉼

없이 해나가면서 자신의 가치와 기준을 확장하거나 자기 생각을 행동화하지 않는 것이다.

제자 | 몇 년 동안 결혼을 앞둔 신랑, 신부를 대상으로 '결혼 예비자 교육' 프로그램을 만들어 홍보했는데 아무도 오지 않았다. 나는 속으로 '이 좋은 걸 왜 안 해?'라는 의문을 품었다. 오지 않는 예비부부들이 교만하다는 생각끼지 했다. 돌이켜 생각해보니 그들이 아니라 내가 교만했다. 내가 옳다고 생각하는 한두 가지 기준으로 프로그램을 만들고, 내 틀 속에 들어오라고 한 것이었기 때문이다. 세상은 빨리 변하고, 사람들이 옳다고 여기는 가치는 점점 많아지고 있다. 그것을 제대로 읽지 않고 내 기준을 앞세워 배우러 오라고 했으니 사람들이 올 리가 없었던 것이다. 사람들은 바보가 아니다. 서로 기준이 일치할 때 흥미를 가지고 기꺼이 참여하려고 한다. 꼰대 강사에게 미래는 없다.

휴대폰 중독에서 벗어나고 싶다면

| 간헐적 단절이 답이다

스승 | 가족들과 놀러 가면 심심하다. 모두 휴대폰을 보고 있기 때문이다. 휴대폰이 없는 나는 하릴없이 창밖을 봤다가 하늘을 보다가 외로워진다. 외로워 놀러 나왔는데 다시 외로워지는 새로운 풍경이 내 일상이 되고 있다.

둘러보면 휴대폰 공화국이다. 지하철을 타도, 버스를 타도, 길을 걸어도 예외 없이 고개를 숙이고 휴대폰을 보고 있다. 중독이다. 모두 휴대폰에 중독되어 있다.

중독은 마약이나 술처럼 물질에 중독되는 물질중독이 있고, 휴대폰을 보는 것처럼 특정 행위에 중독되는 행위중독이 있다. 휴대폰을 손에 쥐고 자는 사람도 있다. 이는 심한 행위중독자다.

중독을 간단히 말하면, 중독된 그것 없이는 아무것도 할 수 없는 상태다. 마약 없이는 아무것도 할 수 없다면 마약 중독이고, 휴대폰 없이는 아무것도 할 수 없다면 휴대폰 중독이다. 이렇게 모두 휴대폰에 중독되는 이유는 두 가지다. 편리성과 재미다. 검색의 번거로움과 수고로움을 휴대폰은 즉시 해결해준다. 검색어만 잘 선택하면 온갖 재미있는 영상과 소식이 휴대폰에 가득하다. 이런 즐거움을 대체할 것이 없다는 사실이 휴대폰 중독이 사라지지 않을 이유다.

제자 │   중독을 해결하는 법은 단절이다. 적당히 한다는 것은 중독 해결법이 되지 못한다. 그런데 현대인은 휴대폰 없이 살 수 없다. 그래서 간헐적 단식과 같은 간헐적 단절이 필요하다. 오전 9시부터 오후 9시까지만 휴대폰을 하는 것은 간헐적 단절의 예다. 대중교통을 이용하거나 운전 중에 휴대폰을 하지 않는 것도, 일요일 하루는 휴대폰 없이 살아보는 것도 간헐적 단절의 예다. 요즘 단절의 시간을 보내보니 달콤하다. 간헐적 단절을 권한다.

마약 하는 심리

| 과정이라는 쓴맛을 잊어서는 안 된다

스승 |　　　　유럽으로 유학을 떠나는 손자에게 말했다. "거기는 마약을 하는 게 이상하지 않은 나라다. 가서 혹시 호기심에 마약을 한 번이라도 하게 된다면 아무 생각하지 말고 보따리를 싸서 한국으로 돌아오너라." 내가 단호하게 말할 수 있었던 것은 마약의 힘이 손자의 힘보다 훨씬 강력하다는 것을 알기 때문이다.

마약 하는 사람이 마약을 시작하는 계기는 현실에서의 괴로움과 마약에 대한 호기심인 경우가 많다. 그런데 마약은 엄청난 쾌락을 극히 짧은 시간에 제공한다. 또한 쾌락을 얻는 데 별도의 노력이 필요하지 않다. 주입하거나 흡입하는 것을 노력이라 말하기는 어렵다. 마약이 무서운 이유는 상상할 수 없이 커다란 쾌락을 주기 때문이다. 아예 시작하지 않는 것이 마약을 끊는 유일한 방법이다.

제자 | 인간은 태어나는 순간부터 고통을 피하고 쾌락을 추구하는 존재다. 감각적으로 쾌감을 누리고자 하며, 감정으로 쾌락을 맛보고자 한다. 사람들과 관계를 맺는 이유도 쾌감 때문이다.

이런 쾌감을 추구하는 인간의 본능 덕분에 물질문명이 발달하고 정신문화가 성장했다. 그런데 인간에게 도움이 되는 쾌감은 하나의 공통점이 있다. 그것을 누리기 위해 예외 없이 노력하고 애쓰는 땀과 눈물의 과정을 거쳐야 한다는 것이다. 커피 한 잔을 맛있게 먹으려 해도 오랜 로스팅 과정을 거쳐야 한다. 땀과 눈물이 생략된 채 발생하는 쾌감은 강렬해 늘 인간을 유혹한다. 그런 의미에서 마약은 국가대표급 유혹과 같다.

쾌감이라는 결과만큼 중요한 것이 과정이라는 쓴맛이다. 이를 이해할 때 우리는 마약에 대한 유혹에서 조금 더 멀리 떨어질 수 있다. 세상에 공짜는 없다. 쾌락마저도.

바늘은 작아도 삼킬 수 없다

| 모진 말은 평생 남는다

스승 | 젊은 시절 미워하던 교수가 있었다. 학생들에게 모질게 굴던 교수였다. 어느 해 대학 건물을 점거하고 시위를 벌이다 그 교수와 다른 교수들이 연구실에 갇히는 신세가 되었다. 몇 시간이 지나고 교수가 몸이 아프니 병원에 다녀와야겠다고 사정했다. 나는 거절했다. 거절하면서 내가 한 말은 "동물병원은 일요일에 문을 열지 않습니다"였다. 그때 그 말이 지금도 잊히지 않는 것은 그 말이 지닌 독성 때문이다. 말한 내가 지금도 기억하고 있다면 교수도 평생 그 말을 잊지 못했을 것이다.

그 일 이후로 나는 아무리 화가 나도 할 말이 있고, 하지 말아야 할 말이 있다고 생각했다. 화날 때 하고 싶은 말을 한

번 더 생각하는 습관이 생겼다.

제자 |　　　　　　　과거에 비해 가정에서 신체 폭력은 눈에
띄게 줄었지만, 언어 폭력은 더 늘어났다. 손이 순해진 대신
입이 독해졌다. 말은 말뿐이라고 하지만 그건 말의 힘을 몰
라서 하는 소리다. 말은 사람을 살리기도 하고 죽이기도 하
니 명약인 동시에 독약이다.

모진 말은 바늘과 같다. 바늘은 작아도 삼킬 수 없다. 모진
말을 계속 듣는 것은 바늘방석을 목에 걸고 사는 것과 같다.
들었던 말을 떠올릴 때마다 마음이 아프고, 마음이 아플 때
마다 몸도 따라 아파진다.

사람들이 모진 말을 하는 이유는 속이 상해서다. 속이 상하
니 내 속을 풀려고 모진 말을 한다. 그런데 모진 말을 들은
상대는 나 이상으로 속이 상한다. 그래서 나에게 또 모진 말
을 내뱉으며 되받아친다. 모진 말의 악순환이 되어 처음 모
진 말을 한 내가 더 속이 상하게 되니, 최종 피해자는 결국
내가 된다. 모진 말은 힘이 세다. 모진 말로 만들어진 바늘
은 평생 목에 남는다.

외면하고 싶은 진실

| 나의 약점을 보는 일

스승 | 서울대학교 의과대학 입시에 떨어지고 난 후 나는 실의에 빠졌었다. 친구 네 명이 시험을 쳤는데 고등학교 때 성적은 내가 가장 좋았다. 그런데 나만 떨어지고 세 명은 모두 합격했다. 지금 생각하면 떨어진 이유는 간단했다. 서울대에서 요구하는 실력이 부족했던 것이다. 그런데 나는 당시 그것을 알지 못했다. 세 살짜리 아이가 생각해도 알 수 있는 간단한 그 이유를 나는 인정할 수 없었다. 내가 떨어질 리 없다고만 생각했다. 자존심 때문이었다. 자존심이 상하니 그런 간단한 원리가 눈에 들어오지 않았다. 시험을 잘 못 쳤기 때문에 떨어졌다는 생각이 들지 않고 채점 과정에서 무언가 잘못되었다는 생각이 들었다. 무너진

나의 자존심을 다시 세우기 위해서는 떨어진 이유가 나에게 있어서는 안 되고 타인에게 있어야 했다.

달래지지 않는 마음으로 절에 들어가 머리를 깎고 지냈다. 스님들이 내 이야기를 듣고 한 말씀은 '자업자득'이었다. 나는 인정할 수 없었다. 그것이 가을까지 갔다. 내가 있던 암자 앞에 큰 감나무가 있었다. 제일 위에 있는 감을 따러 올라갔는데 아무리 팔을 뻗고 장대를 뻗어도 딸 수 없었다. 그때 번개처럼 머리를 스치는 생각이 있었다. '그래, 이거구나. 이래서 내가 떨어진 거구나. 내가 부족했던 거구나.' 그 길로 절에서 내려와 다시 공부할 수 있었다. 스스로 약점을 깨닫는 게 참 어려운 일이다.

제자 | 너무 나를 아프게 하는 사실은 아무리 쉽고 간단해도 인정하고 싶지 않은 것이 사람이다. 세상에서 제일 쉬운 일은 남의 약점을 보는 일이고, 가장 어려운 일은 나의 약점을 보는 일이다. 보이지만 외면하고 싶기에 보지 않게 된다. 사람은 누구나 취약하기에 그것을 더 취약하게 하는 것이 싫은 것이다. 그런 인간이라는 존재가 안쓰럽다.

'자녀 살해 후 자살'이 우리나라만의 일인가
| 자식은 부모가 아니다

스승 | 　　　　어린 자녀를 살해한 후 자살하는 가족의 이야기가 한 번씩 뉴스에 나온다. 이런 끔찍한 사건은 우리 사회만의 불행은 아니다. 과거 레지던트 시절 미국의 수많은 자녀 학대와 살해 보고서를 보며 놀랐었다. 그때 그 일이 지금 우리 사회에서 많이 일어나고 있는 듯하다.

미국에서 감소한 일이 우리나라에서는 왜 계속 발생하고 있을까. 그 원인 가운데 하나는 미국은 이런 일에 대해 강력하고 엄하게 대응하는 데 비해, 우리나라는 '오죽하면 그랬을까'라는 부모 중심의 온정적 태도로 너그럽게 바라보기 때문이다. 하지만 이는 반드시 극복되어야 할 잘못된 태도다. 자식은 자식이며 부모가 아니다. 자식의 운명이 어떻게 될

지를 결정할 수 있는 것은 부모가 아니라 자식 본인일 뿐이다. 이를 부모는 잊지 말아야 한다.

제자 | 　　　자식이 대학 시험을 망쳤을 때 자식보다 부모가 더 우는 나라는 전 세계에서 우리나라뿐이라는 이야기가 있다. 그만큼 우리나라 부모의 자식 사랑은 타의 추종을 불허해 자식과 부모인 내가 분리되지 못하고 한 덩어리인 경우가 많다. 이는 엄밀한 의미에서 사랑이 아니라 집착이다.

현재 내 상황이 어렵다고 자식이 불행한 삶을 살 수밖에 없다는 것은 아무 근거가 없는 부모의 생각일 뿐이다. 인생은 당장 내일을 알 수 없는 것이라 오늘의 어려움이 내일의 기쁨이 될 수 있다. 또한 내일 어떤 일이 일어날지는 누구도 알 수 없다. 자식과 부모를 한몸으로 생각하고 집착하는 부모의 미숙한 생각 때문에 자녀의 목숨을 앗아가는 비극은 이제 우리 대에서 멈추어야 한다. 부모는 부모의 인생을, 자식은 자식의 인생을 살면 된다. 어떤 부모도 자식의 생명을 거둘 자유도 권리도 없다.

부모 복이 없는 사람

| 누구나 부모 복이 있다

스승 | 극작가 이강렬 씨가 대본을 쓴 연극을 본 적이 있다. 출연한 배우는 관객들에게 "모자 하나 빌립시다", "외투 하나 빌립시다" 하면서 신발부터 모자까지 관객 것을 빌려 차려입는 과정을 연극으로 보여주었다. 그리고 다시 돌려주고 퇴장하면서 연극이 끝났다. 인생이란 무엇인 가를 연극 한 편으로 보았다는 생각이 들었다. 우리 인생은 알몸으로 태어나 사람과 세상에서 빌려 입고 한생을 살다 다시 알몸으로 돌아가는 여정이다.

평생 정신과 의사로 살다 보니 부모 복이 없어 이렇게 되었 다는 이야기를 자주 들었다. 그런데 태어난 자체가 복을 받 은 것이다. 나머지는 다 내가 빌려 입는 옷에 불과하다. 그래서 부모 복이 없는 사람은 없다. 부모에게 바라지 않는 마음, 생명을 내게 준 것으로 이미 받을 복을 다 받았으니 나머지는 내 몫이라고 여기며 사는 마음이 부모 복을 이어받아 나의 복을 쌓는 것이다.

제자 | 똑같은 물도 컵을 기준으로 하면 넘치고, 큰 욕조를 기준으로 하면 적은 양에 불과하다. 부모 복이 없다는 이야기도 기준을 무엇으로 보느냐에 따라 달라진다. 부모가 생명을 준 것만 해도 복이라는 말은 가장 넓은 기준으로 부모 복을 본 것이다. 그런데 부모가 어린 시절 물질적으로 부족하지 않게 길렀는가 혹은 마음이 행복하게 키웠는가를 기준으로 보면 부모 복이 없는 사람이 아주 많이 나오게 된다. 이왕 그런 부모에게 태어나 사는 인생이라면 부모 복이 없음을 한탄하고 부모를 원망하며 산들 무엇이 달라지겠는가. 그보다는 선생님 말씀처럼 살아 있게 해준 것으로 부모 역할은 다한 것이라 생각하면, 마음도 편해지고 더 강한 삶의 의욕을 가지고 살 수 있지 않을까.

이떤 때 이혼해야 할까

| 당사자가 원할 때다

스승 | 　　　　　결혼한 사람들이 자주 하는 말 가운데 하나는 그런 사람과는 못 산다는 말이다. 나는 그런 못된 사람과 사는 사람에게 하루라도 빨리 이혼하라고 충고한다. 그런데 그런 말을 듣고 바로 이혼하는 사람은 아주 드물다. 그 이유는 아무리 다른 사람이 볼 때 같이 살아서는 안 되는 사람이라 하더라도 당사자인 내가 견딜 수 있기 때문이다.

정신과에 이혼을 고민하는 사람이 와서 하소연하는 것을 들어보면 누가 봐도 이혼감이란 생각이 드는 경우가 있다. 그래서 이혼하는 것이 좋겠다고 조언하면 버럭 화를 낸다. 그래도 살아야 하지 않느냐며 항변한다. 반대로 이건 이혼 사유가 되지 않는다 싶어 이혼을 말리면, 왜 남의 이혼을 말리

냐며 화를 낸다. 그런 경험을 반복하다 보니 이혼은 문제의 심각성 때문에 하는 것이 아니라 내가 이혼을 원하느냐 원하지 않느냐에 따라 결정된다는 것을 알게 되었다.

제자 | 　　　　　사람마다 인내의 폭과 깊이가 다르다. 한 번은 30년 전 아내가 결혼 전 일기장에 쓴 '그 사람과 즐거운 저녁을 보냈다'는 문장에 너무 화가 나서 이혼을 해야겠다는 어르신이 괴로움을 호소하러 상담실을 찾아왔다. 며칠후에는 아내가 여러 번 외도했지만 그래도 같이 잘 살고 싶다는 중년 남편이 상담을 받으러 왔다.

문제의 심각성으로 보면 어르신은 아내와 이혼할 이유가 없어 보이고, 중년 남편은 이혼할 사유로 부족하지 않아 보인다. 그러나 두 사람의 인내의 폭과 깊이가 다르다 보니 정반대의 이유로 상담을 하러 온 것이다. 그래서 우리는 남의 이야기를 쉽게 판단할 수도 없고 조언을 줄 수도 없다. 사람마다 참는 범위와 정도가 다르기 때문이다. 내가 받아들일 수 있고 견딜 수 있다는데 어떻게 하겠는가. 이혼은 늘 당사자의 마음이 우선이다.

지나고 보면 알게 되는 것들

| 그때는 그때의 의미를 모른다

스승 | 　　　　　방송에 강의를 나가거나 인터뷰를 할 때 자주 받는 질문이 살면서 언제 가장 좋았느냐는 것이다. 그러면 항상 내가 하는 대답은 "좋지 않은 때가 없었다"이다. 지나고 보면 다 좋았다. 당시에는 싫고 힘들었지만 그때 그 사람, 그 일이 있었기에 이렇게 말하고 생각하고 행동하는 지금의 내가 만들어진 것이다. 그래서 그때 미워했던 사람도 나에게 무엇인가를 가르쳐주고, 지금의 내가 되도록 도와준 사람이라 고맙다. 힘들었던 일도 마찬가지다.

제자 | 　　　　　삶을 살아가는 일에 대해 두 가지 서로

다른 태도가 있다. 좋은 일이 하나도 없다는 태도와 좋지 않은 일이 하나도 없다는 태도다. 신기한 것은 두 가지 태도를 보이는 사람들이 경험하는 기쁜 일과 힘든 일의 빈도가 그리 차이 나지 않는다는 것이다.

이런 태도 차이가 나는 이유는 싫은 사람과 힘든 일에서 배우려고 하지 않기 때문이다. 배우려고 한다면 좋은 사람에게는 플러스를, 싫은 사람에게는 마이너스를 배울 수 있다. '젊어 고생은 사서도 한다'는 속담이 있다. 이는 고생과 고통을 통해서 깊은 인생의 이치를 배우라는 말이다. '고생해 봐야 사람이 된다'는 말도 그런 말이다.

10여 년 전부터 나는 '덕분에'라는 말의 덕을 톡톡히 보고 있다. 싫은 사람이나 힘든 일을 만나면 무릎을 치며 '덕분에'라고 외치는 습관을 들였다. 우리 머리는 단순해서 뭐라고 내가 외치면 그 이유를 자동으로 생각하기 시작한다. '덕분에'라고 입으로 외쳤으니 머리는 자동으로 이 사람 덕분에 뭘 배운 거지, 이 일 덕분에 뭘 배운 거지, 그렇게 생각을 시작한다. 그러면 놀랍게도 거의 예외 없이 배울 것이 나타난다. 지나고 나면 다 좋다고 하는데, 지나면서도 좋으면 좋겠다.

그다음은

| 끝장을 보아야 첫 장을 열 수 있다

스승 | 　　　　내 아들이 네덜란드에서 박사가 된 과정
은 우리나라의 박사 과정과 사뭇 달랐다. 특정한 날 교수와
학생들이 모여서 예비심사와 본심사를 하는 우리나라와 달
리 네덜란드에는 특정한 날이 없다고 한다. 지도교수가 네
가 박사가 될 준비가 되면 찾아오라고 한다. 그리고 찾아가
서 박사논문으로 쓸 내용을 다 이야기하면 지도교수가 질문
하나를 던진다. "그다음은?" 그래서 그다음은 어떻게 되느
냐는 질문이다. 땀을 뻘뻘 흘리며 간신히 대답하면, 교수가
다시 묻는다. "그다음은?" 다시 똑같은 과정이 되풀이된다.
그러다 답이 막히면 더 공부해서 찾아오라는 이야기를 듣고
나와야 한다. 마지막까지 질문과 답변이 오가다 끝장에 이

르면 박사가 될 수 있다고 한다.

나는 아들의 이야기를 듣고 가끔 우리나라에도 이 과정이 도입되면 얼마나 많은 박사가 나올까 상상해본다. 도입되지 않아 다행이라 생각할 박사가 더 많지 않을까 싶어 혼자 웃곤 한다.

제자 | 시험 100점을 받고 싶어 하는 아들에게 "제대로 알아서 받는 50점이 어설프게 알면서 받는 100점보다 더 낫다"고 말해주었다. 이런 이야기를 초등학교 때부터 들었던 아들은 오답 노트를 가장 소중하게 생각하는 고등학생이 되었다. 점수로 평가되는 것이 남에게 보여주는 공부라면 제대로 아는 것은 나에게 보여주는 공부다. 진짜 공부는 남 보기 좋은 공부가 아니라 내가 인정하는 공부다. 토론만 끝장 토론이 있는 줄 알았는데 끝장 앎이 있다는 것을 알게 되니 신기하다. "그래서 그다음은?" 내가 나에게 묻는 질문으로 공부 습관을 삼아야겠다.

4 • 욕망

보이지
않는 것에
대하여

닮고 싶은 사람

| 그런 사람을 만나기란 쉽지 않다

스승 │　　　　　　내 제자는 욕심이 너무 많다. 나와 대담하는 가운데 스스로 자기가 얼마나 욕심이 많은 사람인지 고백했다. 닮고 싶은 사람이 없다는 고백이 그것이다. 사실 우리가 닮고 싶은 완벽한 사람은 세상 어디에도 없다. 그 이유는 모든 것이 다 갖춰진 그런 완성된 존재는 없기 때문이다. 내가 닮고 싶다는 것은, 엄밀하게 말하면 그 사람이 가지고 있는 특정 부분을 닮고 싶다는 것일 뿐이다. 그런데 내 제자는 그 사람의 전체를 닮고 싶어 하니 욕심이 많아도 지나치게 많은 것이다.

욕심을 내리고 보면, 내가 만나는 어떤 사람도 내가 닮고 싶은 것을 하나씩은 가지고 있다. 그 사람을 찬찬히 뜯어보면 내가 닮아도 좋은 점이 하나씩 감춰져 있다. 그것을 보는 눈이 혜안이다. 내가 욕심을 내고 미워하고 싫어하는 감정에 매어 보지 못할 뿐 누구나 내가 닮고 싶은 면을 가지고 있다고 보면 좀 더 멋진 삶을 살 수 있다.

제자 | 30년 가까이 사람들을 상담하면서 느끼는 게 있다. 가족이나 대인 관계에서 어려움을 겪는 사람은 지금껏 내가 닮고 싶은 사람을 만나지 못했다는 공통점이 있다는 것이다. 닮고 싶은 부모를 만나지 못했고, 닮고 싶은 선생님이나 어른을 만나지 못해 어떻게 해야 관계를 원만하게 하면서도 자신이 원하는 것을 얻을 수 있는지 알지 못하는 경우가 많았다.

내 삶을 돌아보아도 마찬가지였다. 정말 닮고 싶은 어른을 만나지 못했다. 그러다 선생님을 만나 나의 롤 모델로 삼고 살기 시작했다. 비로소 내가 닮고 싶은 어른을 만났다는 것이 주는 만족감은 무엇과도 바꿀 수 없는 행복이었다. 앞으로도 선생님처럼 내가 닮고 싶은 사람을 또 만나는 것이 희망 가운데 하나다.

가짜 향기

| 명품을 들고 다니는 사람의 향기

스승 |　　　　　　몸이 건강하고, 그에게서 풍기는 정신적 향기가 좋다면 무엇을 걸쳐도 그 사람 자체가 명품이 된다. 그런데 몸도 건강하지 않고 정신적 향기도 없는 사람은 브랜드만 명품인 물건으로 자신을 아무리 포장해도 명품이 되지 않는다. 그가 소유하고 있는 것이 아니라 그 자신 속에 품고 있는 것이 명품 여부를 결정한다. 속은 가난하면서 겉이 화려할 때 풍기는 향기가 가짜 향기다.

명품 물건으로 온몸을 장식한 사람에게서 아름다운 몸과 마음의 향기가 나온다면 최상이겠지만, 반대의 경우 비호감이 급상승하는 현상이 나타난다. 가짜 향기에서 진짜 향기로 자신을 바꾸기 위해서는 남이 보는 나를 고급으로 만들려고 하는 마음에서 내가 보는 나를 고급으로 만들겠다는 마음으로 바꾸는 것이 필요하다.

제자 | 아들이 중학생 때 명품 티셔츠와 운동화에 관심이 많았다. 친구들 사이에서 명품 티셔츠나 운동화를 신는 아이가 부러움의 대상이어서 자신도 사고 싶어 했다. 어느 날 유튜브에서 명품 옷과 신발을 원 없이 사본 형이 "내 몸이 명품이면 무엇을 입어도 명품이지만, 내 몸이 폐품이면 무엇을 입어도 폐품"이라 말하는 것을 들은 이후로는 명품 옷과 신발을 사달라고 이야기하지 않았다. 아무리 부모가 말해도 귓등으로 듣던 아이가 이미 경험한 낯선 형의 말은 받아들이는 것 같았다.

코로나 이후에 명품 시장이 더 커졌다는 소식이 들리는 걸 보면, 아들뿐만 아니라 사람은 누구나 좋은 것이 있으면 가지고 싶어 하고, 다른 사람이 부러워할 만한 존재로 자신을 가꾸고 싶어 하는 본능이 있음이 분명하다. 문제는 내가 명품을 가질 여력이 되지 않는데도 과시하고 싶은 마음에 무리해서라도 그것을 가지려 할 때 생긴다.

나를 발전시키는 에너지

| 허세 덕분에 크게 되는 사람이 있다

스승 |　　　　　우리나라 사람들이 제일 많이 쓰는 방어기제, 즉 자기를 보호하기 위한 마음의 갑옷은 '허세'다. 허세란 한마디로 자기에게 있는 것보다 더 있다고 하는 것이다. 허세가 반드시 허황되고 나쁜 것만은 아니다. 허세를 잘 활용하면 지금보다 더 나은 내가 된다. 내가 허세를 부리고 있다는 것을 알면서 그 허세를 현실로 만들기 위해 노력하면 지금보다 훨씬 나은 모습이 된다. 이때 허세는 자기를 발전시키는 에너지다.

제자 |　　　　　나는 이근후 선생님이 아끼는 제자라는

허세를 자주 떨었다. 정말 선생님이 아끼는지 아닌지는 확인해본 적도 없으면서 선생님의 후광을 등에 업고 싶은 욕심에 사람들에게 허세를 떨곤 했다.

그런데 언젠가부터 두려워졌다. "그래요. 그렇게 아껴주는 제자라면 제 고민에 대해 속 시원하게 한번 풀어줘봐요" 하고 증명을 요구할 사람이 나올 것 같았다. 그런 두려움을 없애는 방법은 하나뿐이었다. '역시 제자답구나'라는 생각이 들게 실력을 키우는 것이었다. 선생님께서 쓰신 책들을 읽으면서 선생님 생각의 핵심과 패턴을 알기 위해 애썼고, 상담을 할 때마다 선생님이라면 이 상황에서 무어라고 이야기하셨을까 상상하는 노력을 기울였다. 그리고 틈틈이 선생님을 찾아가 말씀을 듣고 기억하려 했다.

만약 내가 허세를 부리지 않았다면 이런 노력을 반의반도 하지 않았을 것이다. 허세를 떨었기에 내 말에 내가 걸려 노력한 것이다. 선생님은 이런 나에게 "이서원은 허세 덕분에 성공했다"고 농담을 던지신다. 노력이 빠진 허세는 자신을 더욱 초라하게 만들지만, 노력이 뒷받침된 허세는 자신을 더 괜찮은 자기로 만드는 원동력이 된다. 그렇다 해도 허세는 그만 떨어야겠다. 내가 피곤해지는 일이 허세니까.

사람마다 화내는 이유가 다른 까닭은

| 힘주는 게 다르기 때문이다

스승 | 그런 말을 듣고 누가 참을 수 있겠느냐는 소리를 하는 사람이 있다. 주로 화가 많은 사람들이다. 그때 내 대답은 "참을 수 있는 사람도 있어요"다. 실제로 모두 화를 내는데도 화내지 않는 사람이 있고, 모두 화를 내지 않는데도 혼자 화를 내는 사람이 있다.

깊이 들여다보면 화는 매우 개별적인 감정이다. 모두 같은 이유와 같은 정도로 화내는 일은 드물다. 타고난 기질이 화내는 모습을 결정하고, 습득된 습관이 화나는 일의 종류를 결정한다. 결국 각자 중요하게 여기는 일이 다르기에 화를 내는 이유도 다르다.

제자 | 분노관리연구소를 만든 후 여러 해가 지
났다. 분노에 대한 연구를 할수록 분노를 관리하는 방법은
케바케, 즉 케이스 바이 케이스였다. 다른 감정도 마찬가지
지만 분노는 맞춤형으로 관리할 때 가장 효과가 좋았다.

어린 시절 허기에 시달린 사람은 먹는 것에 유달리 집착하
는 몸의 습관이 생긴다. 이런 사람은 배가 고프면 화가 난
다. 어떤 사람은 돈이 없어 어려운 학창 시절을 보내 돈이
떨어지면 화가 난다. 이때 허기에 시달린 사람이 돈이 없을
때 내는 화가 돈이 없어 고생한 사람이 돈이 없을 때 내는
화보다 덜할 수 있다. 이것은 중요하게 여기는 것이 달라서
생기는 현상이다.

자신의 화를 잘 다스리려면 화가 나는 지점을 발견할 필요
가 있다. 다른 건 몰라도 이런 일에는 거의 예외 없이 화가
나는 포인트가 있다. 발견이 빠르면 빠를수록 화를 잘 조절
하고 관리할 수 있다. 그런 연습이 되면 다른 사람이 화를
낼 때 왜 내는지도 빨리 이해할 수 있다. 내가 중요하게 여
기는 것. 그것이 화의 진원지다.

유예하는 능력

│ 충족해야 할 때와
　기다려야 할 때를 구분하라

스승 │　　　　　사람은 욕구 충족의 존재다. 산다는 것은
욕구를 충족하는 과정의 연속이다. 어릴 때는 욕구가 즉시
충족되어야 생존을 유지할 수 있다. 성장한 후에는 즉시 충
족되지 않아도 생존할 수 있다.

욕구를 뒤로 미루는, 유예하는 능력이 자라는 것은 아이러
니하게도 충분히 즉각적인 충족이 이루어진 후다. 인격이
발달한다는 것은 욕구 충족을 지연할 수 있는 능력이 발달
한다는 말이다. 속도로 말하자면, 어릴 때는 100미터 달리
기를 하는 속도로 욕구가 충족되어야 하고, 나이가 들수록
장거리 달리기를 하는 속도로 욕구가 충족되게 하면 된다.

제자 |　　　　　　욕구 충족을 지연하는 능력이 떨어지는
사람이 과거에 비해 오늘날 훨씬 더 많아진 이유는 점점 빨
라지는 사회의 속도 때문이다. 제철 과일이란 개념이 사라
졌고, 배달 앱을 통해 주문하면 총알 배송이 이루어지는 초
스피드 사회에 우리가 살고 있다. 또한 궁금한 것이 있으면
휴대폰을 이용해 검색만 하면 바로 답이 나온다. 그러다 보
니 모든 영역에서 인내심이 사라지고, 분노가 일상화되는
결과가 나타나고 있다. 조금만 늦으면 기다리지 못하고 분
노를 터트린다. 옛날에는 개인적인 현상이었다면 지금은
집단적인 현상이 되고 있다. 과거가 헝그리 시대였다면 지
금은 앵그리 시대가 된 것이다. 엄청난 속도로 즉시 욕구 충
족을 가능하게 하는 사회적 환경이 그런 시대를 만든 주범
이다.

즉시 욕구를 충족하는 것이 나쁘다는 말이 아니다. 느리게
충족될 때보다는 더 편리하고 쾌적하며 즐겁다. 다만, 사람
과 관계를 맺거나 심혈을 기울여 만들어야 하는 작품 제작
은 오랜 기다림과 욕구 유예를 요구한다. 이를 구별한다면
속도도 즐기면서 성취 보람도 느끼는, 두 가지 목표를 모두
달성할 수 있다.

때론 일탈이 필요하다

ㅣ 공부만 하면 자기 틀에 갇힌다

스승 ㅣ　　　　　어릴 때부터 일탈하지 않고 공부만 한 모범생은 타 분야에 문외한이고 융통성이 부족한 사람이 될 수 있다. 살면서 내 친구나 주위 사람을 둘러보면 모범생보다는 아닌 사람이 대인 관계도 좋고 경제적으로도 더 잘사는 경우가 많았다. 그 이유를 나는 '일탈'이라는 두 글자에서 찾는다.

일탈은 세상의 이유가 아니라 자기의 이유로 행동을 선택했다는 의미를 품고 있다. 일탈을 해본 사람은 비록 성취하지는 못하더라도 일탈을 통해 세상을 배우고 자신의 한계를 배우고 융통성을 배우게 된다. 모범생은 이를 따로 배울 기회가 없다. 그 결과, 울퉁불퉁한 세상에서 매끄러운 모범생이 작은 성취를 이루고 안주해 사는 경우가 많이 생긴다.

제자 │   온실에서 자라는 인삼은 온실이란 환경을 벗어나면 산삼이 되지 못하고 죽어버린다. 공부만 하지 않은 사람이 더 잘 산다는 선생님의 이야기가 나에게는 힘들지만 역경을 이겨낸 산삼이 더 귀하고 비싸다는 이야기로 들린다.

상담을 하다 보면, 분명히 자신보다 공부를 못하던 동창생이 어찌 운이 좋아서 좋은 배우자를 만나거나 기회를 만나 출세해서 속이 상하다는 이야기를 듣곤 한다. 공부를 잘하면 경제적으로도 더 잘살아야 속이 시원한 것 같다. 공부를 잘하는 것과 돈을 잘 버는 것은 얼마나 관계가 깊을까. 사실 그 둘은 별 관계가 없다. 사람의 머리는 공부 머리와 일 머리가 있다. 공부 머리가 좋은 사람은 시험 성적이 좋고 좋은 대학에 수월하게 들어간다. 이와 달리 일 머리가 좋은 사람은 사회에 잘 적응하고 돈을 잘 번다. 공부 잘하는 모범생이 좋은 것을 다 가져야 한다는 건 뿌리 깊은 편견이자 욕심일 뿐이다.

작심삼일이 당연한 이유

| 나쁜 행동이 주는 쾌락을 잊지 못한다

스승 | 해마다 새해가 되면 '담배를 끊겠다', '술을 끊겠다', '열심히 공부하겠다' 결심하고 보란 듯이 행동으로 옮기는 사람이 많다. 하지만 끝까지 결심대로 해서 성공하는 사람은 드물다. 그 이유는 담배와 술과 노는 것처럼 자신이 생각할 때 해롭고 나쁜 행동들이 주는 쾌락을 잊지 못하기 때문이다. 담배를 피우지 않고, 술을 마시지 않고, 공부하는 것은 또 다른 쾌감을 주지만, 며칠 지나지 않아 몸에 밴 옛날 쾌락을 회복하고 누리고 싶은 마음이 강렬하게 올라온다. 그 마음에 굴복한 결과가 작심삼일의 와해다. 사람은 마음대로 자신을 끌고 갈 것 같지만, 실은 욕망대로 자신이 더 많이 끌려가는 연약한 존재다.

나도 새해가 되면 '살을 빼겠다'는 결심을 하고, 다음 날부터 먹는 걸 줄이고 운동을 늘리며 요란하게 다이어트를 시작한다. 살은 얼굴부터 빠져 마지막에 다리가 빠지고, 다시 살이 찔 때는 다리부터 시작해 마지막에 얼굴이 찐다. 그래서 얼굴 살이 빠지는 것은 다이어트의 시작을 알리는 신호이며 반대로 얼굴 살이 찌는 것은 요요현상이 완성되었다는 신호다. 나는 얼굴 살이 며칠 빠지다 어느 순간 평소대로 돌아오는 요요현상이 나타나곤 했다.

선생님의 이야기저럼 뒤돌아보면 기름지고 맛있는 음식이 주는 쾌감을 당할 수 없었다. 그러므로 작심삼일이 아니라 작심일년이 되기 위해서는 없애고자 하는 행동이 주는 쾌감을 솔직하게 인정할 필요가 있다. 그 후 새로운 쾌감과 그 크기를 비교하면서 서서히 새로운 쾌감을 맛보는 경험을 늘려나가야 한다. 어느 한순간 그동안 깊이 몸에 밴 쾌락의 즐거움을 없앤다면 큰 반발을 사게 될 것이기 때문이다.

어릴 때 폭풍도 나이 들면 가랑비

| 나이가 들수록
  중하게 여기는 게 바뀐다

스승 |　　　　아흔이 가까워지는 친구들이 내게 자주 하는 말이 있다. "지금 돌아보니 한 일이 없다"는 것이다. 반은 맞고 반은 틀린 말이다. 먼저 반이 틀리다는 이야기는 친구들 말처럼 그들이 이루어놓은 것이 없지 않기 때문이다. 각자 자기 분야에서 적지 않은 업적을 이루었다. 그래서 틀린 말이다. 다음으로 반이 맞다는 이야기는 기준을 크게 하고 보면 별로 대단한 일을 한 것이 없기 때문이다. 노벨상을 받은 것도 아니고 나라를 뒤흔들 만한 업적을 이룬 것도 없다.

하지만 지금의 눈으로 보지 않고 열심히 일하던 젊은 시절의 눈으로 보면, 자신이 하는 일이 대단하고 훌륭하며 큰 업적을 이룬 것이다. 그렇기에 보람도 느끼고 성취감도 느끼며 산 것이다. 결국 그 일의 중요도나 본질이 달라진 것이 아니다. 그 일을 바라보는 매 순간 시각과 기준이 달라진 것뿐이다.

제자ㅣ　　　　　어릴 때는 장난감에 목숨을 건다. 자라면서는 컴퓨터 게임에 목숨을 건다. 자라서는 직장에 목숨을 건다. 그러다 세월이 흐르고 목숨을 건 대상들을 바라보면 웃음이 터져 나온다. 장난감이 무어라고 그리 떼를 쓰고 세상이 무너질 듯 대성통곡을 했나 부끄러워 얼굴이 붉어지기도 한다.

고통은 해결되는 것이 아니라 사라진다. 내가 성숙하면 미숙할 때 중요하게 여겼던 것이 봄에 눈 녹듯이 사라져버리기 때문이다. 젊은 시절의 폭풍 같던 사랑도 나이가 들면 풋사랑이 된다. 인생의 폭풍이라고 생각했던 일들이 철이 들고 속이 차면 한낱 가랑비에 불과했다는 것을 알게 된다. 시 가운데 '왜 사냐 건 웃지요'란 구절이 있다. 왜 웃을까. 철들고 보니 사는 건 그냥 사는 거지 특별한 이유가 없기 때문이다.

사기가 뭐 어때서

| 좋은 사기극도 있다

스승 | 나는 프로 레슬링 보는 것을 즐겼다. 직접 경기장에 가서 볼 때도 있었다. 그런데 자꾸 경기를 보다 보니 이상한 점이 한두 군데가 아니었다. 링에서 상대가 발로 차려고 하는데 상대 선수가 피하지 않았다. 오히려 발에 차이고 싶어 하는 것처럼 가슴을 내밀고 발에 맞았다. 아하, 다 짜고 하는 사기극이구나. 그것을 알고 나자 흥미가 절반 이하로 떨어졌다.

어느 날 이 사기극으로 손해 보는 사람이 누구인가를 생각해보았다. 아무도 없었다. 선수들은 다치지 않고 즐거운 운동을 할 수 있고, 관객들은 스트레스를 해소하며 즐거움을 누릴 수 있으며, 주최 측은 돈을 벌 수 있다. 사기극도 이런

130

사기극이면 좋은 사기극이라는 결론에 이르렀다. 그러자 다시 레슬링을 보는 게 즐거워졌다.

제자 | 　　　　이탈리아 영화 〈인생은 아름다워〉에서 주인공 아버지는 아들에게 사기를 친다. 포로수용소가 사실은 게임이라며 아들을 속인 것이다. 그 결과, 아버지는 죽지만 아들은 살 수 있게 된다.

인간이 동물과 다른 점은 거짓말을 할 수 있는 능력이 있다는 것이다. 거짓말에 기반을 둔 사기는 때에 따라 아들을 살려내고, 가까운 사람들을 살맛 나게 하는 위대한 선행이 될 수 있다. 이처럼 상대와 나를 살리는 거짓말을 '하얀 거짓말'이라고 한다. 하루에도 수십 번 우리는 하얀 거짓말을 하며 산다. 그것은 예의와 배려의 또 다른 기술이기도 하다. 나를 위한 사기는 남을 죽이고 마지막에 나를 죽이는 독약이 된다. 반대로 남을 위한 사기는 남을 살리고 나도 살리는 묘약이 된다. 사기를 치려면 제대로 쳐볼 일이다.

갑질은 이디에서 오는가

ㅣ열등감에서 온다

스승ㅣ　　　　　다른 나라에 비해 우리나라에 유독 갑질 하는 사람이 많은 것일까. 나는 그렇게 생각하지 않는다. 그 이유는 사람의 속성이란 게 누구나 갑질을 하고 싶어 하기 때문이다. 알프레드 아들러(Alfred Adler)는 열등감에 대해 이렇게 이야기했다. "열등감을 가진 사람은 우월해지고 싶어 하고, 우월해진 사람은 우월감을 유지하고 싶어 한다"고. 우월감을 유지하고 싶어 하는 것이 갑질이다.

갑질 하는 사람을 가만히 보면 열등감이 제대로 극복되지 않았음을 알 수 있다. 열등감이 잘 극복된 사람이란 자신이 남보다 우월하다고 느끼는 사람이 아니라, 자신은 다른 사람보다 열등하지도 우월하지도 않다는 것을 깨달은 사람이다. 열등감에서 자유로워진 사람이란 의미다. 열등감이 제대로 극복되지 않으면 열등감의 또 다른 얼굴인 우월감으로 넘어간다. 그것이 갑질의 본질이라 할 수 있다.

제자 | 　　　　　나처럼 사는 사람은 나밖에 없다. 그래서 나는 세상에서 유일하다. 유일한 나는 독특하며 소중한 존재다. 그런 나를 누구와 비교한다는 것은 의미 없는 일이다. 나만의 기준을 가지는 것으로 족할 뿐 누구와의 비교가 필요하지 않다. 이렇게 나를 이해하게 되면 내 눈에 보이는 남도 나와 같이 유일하고 소중한 사람으로 바라볼 수 있다. 그는 나보다 못하거나 우월한 사람이 아니라 그만의 색으로 아름답게 반짝이는 사람인 것이다.

그와 나의 위아래가 사라지면 갑질이 발 디딜 곳도 사라진다. 갑질은 위아래를 전제로 하기 때문이다. 30년 동안 선생님 곁에 있으면서 선생님이 나에게 갑질을 한다고 느낀 적이 없다. 앞서거니 뒤서거니 지혜를 배우고 나눌 뿐 상하 관계가 아니라는 점을 변함없이 나에게 전해주시기 때문이다. 자연스러운 존중 앞에 갑질은 빛을 잃는다.

감정에 솔직해지려면

| 싫으면 싫고, 좋으면 좋은 것이다

스승 | 　　　　오래전 진료실에 엄마와 딸이 찾아왔다. 딸이 미국에 가서 좋은 남자를 소개받아 약혼식을 했는데, 한국으로 돌아오는 비행기 안에서 옆자리에 앉은 남자가 마음에 들었단다. 딸은 엄마에게 약혼한 남자 말고 이 남자와 결혼하겠다고 했다. 깜짝 놀란 엄마가 딸의 손을 잡고 나에게 딸의 정신 상태를 봐달라고 데려왔다. 딸이 나에게 물었다. "가게에 가서 사과를 사려고 집어 들었는데 흠이 있어요. 옆의 사과를 보니 아무 흠이 없는 거예요. 그럼 어떤 사과를 사는 게 좋을까요?" 똑똑한 딸이었다. 결국 딸의 논리를 이기지 못한 엄마는 새로운 남자와의 결혼을 허락했다.

제자 |　　　　　　우리 사회가 빠르게 변하면서 남녀 관계에서 분명하게 변한 게 하나 있다. 더 이상 척하지 않는 것이다. 싫어도 좋은 척, 좋아도 싫은 척하던 갑순이와 갑돌이의 사랑은 더 이상 통용되지 않는다. 싫으면 싫고, 좋으면 좋다.

옛날에는 결혼하면 보아도 못 본 척, 들어도 못 들은 척, 말하고 싶어도 입을 다물고 살라고 했지만, 지금은 보면 본 대로, 들으면 들은 대로, 하고 싶은 말은 그대로 말하는 시대가 되었다. 그러다 보니 굳이 참고 살려고 하지 않는다. 혼자 살 때보다 더 즐거워지자고 한 결혼인데 혼자 살 때보다 못하다면 결혼을 유지하려고 하지 않는다.

이혼도 시대의 흐름을 따른다. 이제 더 이상 견디고 참는 결혼생활은 의미 없다고 여기는 시대가 되었다. 그래서 더 나아진 세상이다. 두 사람 다 노력하지 않으면 언제 헤어질지 장담할 수 없는 세상이기 때문이다. 이혼율이 높아지는 것을 걱정하기 전에 왜 높아지는지 이유를 생각해야 한다. 이혼당하지 않도록, 더 좋은 배우자가 되기 위해 노력하는 세상이 더 건강한 세상이다.

스토킹의 본질

| 너를 거절하는 것이 아니라고

스승 |　　　　스토킹의 본질은 집착이다. 집착하는 이유가 상대를 사랑하기 때문이라고 생각하는 사람이 많다. 그러나 사랑보다 더 큰 이유가 있다. 그것은 거절당하는 것을 죽기보다 싫어하는 거절 공포증이다. 내 사전에 거절이란 없다고 여기는 사람이 스토커가 된다. 그는 다른 사람의 거절을 견디지 못한다. 그리고 거절을 자신에 대한 공격으로 생각한다. 그래서 거절하는 상대에 대해 격분하고 자신을 거절하지 않을 때까지 집요하게 따라다니며 괴롭힌다. 이러한 심리를 이해할 때 스토킹 해결의 첫 단추가 채워진다.

제자 |　　　　　　　사람은 약한 존재다. 그래서 본능적으로 버려지는 것을 두려워한다. 버려지면 죽을까 겁나기 때문이다. 다음으로 거절당하는 것을 두려워한다. 거절당하면 버려질까 두렵기 때문이다.

만약 사람이 충분히 강한 존재라면 버려지는 것도, 거절당하는 것도 전혀 두려워하지 않을 것이다. 약한 존재이기에 무서워하고 두려워한다. 이러한 인간의 나약함을 이해한다면 누구나 거절에 대한 두려움을 가지고 있다는 것을 받아늘이게 된다.

문제는 자신이 그렇게 약한 존재가 아님에도 거절에 대한 두려움이 과할 경우다. 이럴 경우 거절에 대한 두려움이 커지게 된 삶의 역사를 살펴보는 것이 필요하다. 거절은 크게 일부 행동에 대한 거절과 전체 존재에 대한 거절이 있다. 스토커는 이것을 구분하지 못한다. 나의 전체를 거절하는 것이 아니라 나의 일부를 거절하는 것임을 깨닫도록 도와야 한다. 그런 깨달음을 가질 수 있도록 도와주는 것이야말로 스토킹을 해결하는 중요한 관문이 될 수 있다.

5 • 확신

의심과의
한 끗
차이

고칠 게 없습니다

| 다 내 입으로 내가 한 소리니까요

스승 | 어느 잡지사에 원고를 보냈는데 연락이
왔다. 내가 쓴 글 가운데 고칠 게 있으면 말해달라는 거였
다. 나는 "고칠 게 없습니다. 다 내 입으로 내가 한 소리니까
그게 다 저입니다"라고 대답했다. 의식적이든 무의식적이
든 내 입을 통해 나간 이야기는 내가 책임을 져야 할 내 이
야기이기 때문이다.

언젠가 함석헌 선생님의 책을 보았더니 서문에 '처음 여러
군데 썼던 글을 모아서 책으로 내자는 제의를 거절했다. 그
런데 집으로 돌아와 가만 생각해보니 틀리게 말한 것도 내
입으로 한 것이고, 맞게 말한 것도 내 입으로 한 것이라는
생각이 들었다. 그래서 나는 책을 쓰기로 허락했다'고 적혀

있었다. 그 서문을 본 후 나는 용감해졌다. 내 말과 글에 대해 변명하지 않고 인정하는 용기가 생겨 지금까지 원칙으로 삼고 있다.

제자 | 유튜브에 이런저런 소리를 한 나의 영상을 보기 힘들 때가 많다. 보고 있으면 오글거리기도 하고 얼굴이 화끈거리기도 한다. 지난 유튜브를 모두 모아 감쪽같이 시워주는 곳이 있다면 비용을 들여서라도 다 지워버리고 싶은 충동이 불쑥 올라오곤 했다. 그러다 그게 다 나의 일부라는 것을 선생님의 이야기를 통해 깨닫게 된 후로는 그대로 두기로 했다. 비로소 마음이 편해졌다.

나에게 오는 것도 나의 것이고, 나로부터 나가는 것도 나의 것이다. 나도 모르게 나에게 오는 것에는 꿈이 있고, 나가는 것에는 실언이 있다. 일찍이 정신의학자였던 프로이트는 꿈과 실언이 모두 나이며, 실은 가장 솔직한 나라고 이야기했다. 하물며 글은 오죽하겠는가. 나의 마음이 말이 되고 글이 되어 나가게 된다. 나중에 다르게 말하고 얼굴이 붉어지더라도 지금 내가 하는 말과 글은 온전히 나의 것이다.

젊은 꼰대도 있다

ㅣ 꼰대는 나이로 결정되지 않는다

스승 ㅣ　　　여러 해 전부터 우리 사회에서는 나이가 들어 고집불통이면 '꼰대'라고 부른다. 나는 이것에 반은 동의하고 반은 동의하지 않는다. 젊은 꼰대도 있기 때문이다. 꼰대는 나이와 무관하며 소통과 관계되어 있다. 통하지 않는다면 나이를 불문하고 꼰대다. 자기가 생각하는 것이 옳다고 굳게 믿고, 다르게 생각하는 사람에게 불쾌감과 적대감이 생긴다면 꼰대의 자격을 갖춘 것이고, 이를 말과 행동으로 표현하면 꼰대로 확정된다.

제자 ㅣ　　　세계여행을 한 부부를 만난 적이 있다.

세계여행을 하면서 인상적으로 느낀 게 무엇이냐고 물었더니, 한국 사람을 만나면 안 된다고 했다. 이유를 묻자 "한국 사람은 친구가 될 수 없기 때문"이라는 답이 돌아왔다. 한국 사람은 만나면 격하게 반가워하면서 나이, 사는 곳, 하는 일, 나온 학교, 자식이 하는 일을 차례로 묻기 시작한단다. 그리고 대답할 때마다 인상이 조금씩 달라지고 태도가 달라진다고 했다. 소위 신상 털기가 끝나면 공손하게 대하거나 무례하게 대하기에 나이, 직업을 불문하고 친구가 되는 외국 사람들과 다르나는 것이다. 이야기를 들으며 얼굴이 화끈거렸다. 나도 그런 경험을 한 적이 많았기 때문이며, 나도 다른 사람에게 그렇게 한 적이 많았기 때문이다.

꼰대는 나이로 결정되는 게 아니라는 선생님의 이야기를 들으며, 나는 나이뿐만 아니라 사고의 경직성을 나타내는 다양한 기준으로 꼰대가 결정된다는 것을 이해하게 되었다. 내가 가진 편견과 선입견으로 알지도 못하는 사람을 분류하고 나누는 마음 습관이야말로 꼰대가 되는 지름길이다. 꼰대를 싫어하면서도 나의 생각을 고집한다면 그 또한 다른 측면에서 꼰대일 뿐이다.

첫눈에 반한다는 건

> | 아름다운 오해로 시작해
> 참담한 이해로 끝나는 일

스승 | 내 선배 가운데 배우자의 첫째 조건으로 눈이 총명하고 맑은 사람을 꼽는 의사가 있었다. 눈이 맑아야 머리도 똑똑하고 2세도 영특한 아이가 태어난다는 게 이유였다. 선배는 고르고 고르다 마침내 '이 눈이다' 싶은 여자를 만나 늦장가를 갔다.

그런데 신혼 첫날밤에 배우자의 비밀이 밝혀졌다. 여자는 콘택트렌즈를 끼고 있었다. 렌즈를 뺀 아내의 눈은 총명하지도, 맑지도 않았다. 연애하는 동안 한 번 물어보기라도 했더라면 알았을 걸 결혼한 후에야 알았으니, 후회했지만 너무 늦고 말았다. 첫눈에 반한다는 건 언제나 절반의 위험을 내포하고 있음을 알아야 한다.

사람은 자신의 체험에서 자유로울 수 없다. 자신의 경험 세계를 넘어선다는 것은 무척 어려운 일이다. 첫눈에 반한다고 할 때 첫눈도 가만히 생각해보면 자신이 겪은 경험에서 나오는 산물인 경우가 허다하다. 이러할 것이다, 저러할 것이다 지레짐작하는 것이 첫눈에 반하는 것의 본질이다. 그러다 보니 실제 상대의 모습과 무관하게 스스로 상상하고 결론을 내린다. 그러다 선생님의 선배처럼 뒤늦은 후회를 하게 된다.

이런 **후회**를 하지 않으려면 자신의 눈을 과신하지 않아야 한다. 잘못 볼 수도 있다는 가능성을 염두에 둔다면 첫눈에 반한 후 상대를 관찰하고, 그래도 잘 모를 경우 직접 물어볼 수도 있다. 사람들이 상대에게 물어보지 않는 것은 자신의 눈을 과신하기 때문이다. 어느 여자는 애잔한 눈을 가진 남자를 만나고 싶어 하다가 큰 눈동자에 눈물을 흘리는 남자를 성당에서 만나 결혼했다. 결혼 후 그때 왜 눈물을 흘렸느냐고 물었더니 남자는 하품을 했었노라 고백했다. 이쯤 되면 아름다운 오해가 참담한 이해로 끝나는 것이 첫눈에 반한다는 일이라 할 수밖에 없다. 내 눈을 너무 믿지 말자.

환각은 누구에게 니타나는가

| 환각과 환각 아닌 것을 구분하라

스승 |　　　히말라야의 산들을 등반하다가 조난하는 이유 가운데 하나는 환각 때문이다. 텐트 속에서 자고 있는데 밖에서 자기 이름을 부른다. 그것을 따라 나가면 수백 미터 낭떠러지다. 거기서 떨어져 죽게 된다.

세계 최초로 히말라야 14개 최고봉을 10년에 걸쳐 차례로 오른 라인홀트 메스너(Reinhold Messner)는 등반 도중 동생을 잃었다. 그는 여러 번 동생이 자신을 부르는 소리를 들었고, 동생의 모습을 보았다고 회고했다. 메스너뿐만 아니라 등반가들의 회고에는 환각을 경험했다는 이야기가 자주 등장한다. 이것은 의학적으로 볼 때 산소 부족으로 나타나는 현상이다. 따라서 인위적으로 산소를 줄이면 인간에게는 환각

현상이 일어날 수 있다.

제자 | 산소가 부족하지 않은데도 환각 현상이 나타나는 사람도 있다. 이것은 자신의 피해 의식과 관련한 자극이 나타나기 때문이다.

그런데 누군가 환각이라고 생각되는 이야기를 할 때 듣는 사람이 조심해야 할 것이 하나 있다. 이것이 진짜 환각인지 아닌지를 잘 살펴봐야 한다는 것이다. 아파트가 처음 생기던 시절 선생님이 치료하는 환자가 윗집과 아랫집에서 파이프를 타고 소리가 들린다고 호소했는데, 층간소음 경험이 없던 선생님은 환각이라고 판정해 낭패를 본 적이 있다고 고백했다. 내 경험이 없다고 다른 사람의 이야기를 환각으로 여기는 것은 나의 환각이 될 수 있다.

나도 20여 년 전 미국 교포를 상담한 적이 있는데 모바일 위치 추적 이야기를 하기에 환각이라 생각하고 상담하다가 크게 항의를 받고 낭패를 본 적이 있다. 환각을 알아차리는 것 이상으로 중요한 것은 환각인지 아닌지를 알아내는 능력이다. 그것은 간단하다. 자세히 물어보면 된다. 질문이 늘 중요하다.

만약 이것이 사실이라면

> | 사실에 근거해
> 다음 이야기를 해야 한다

스승 |　　요즘 텔레비전의 시사 프로그램을 보다 보면 패널들이 가정법을 많이 쓴다. '만약 이것이 사실이라면'이라고 전제한 후 이런저런 시나리오를 쓰는 식이다. 정신과 의사로서 그런 가정이 때로는 아주 위험하다는 느낌을 지울 수 없다.

평생 만난 정신과 환자들은 상당수가 잘못된 전제를 바탕으로 정확한 추론을 하고 있다. '만약 우주선이 지구를 침공한다면'이라는 전제를 바탕으로 온갖 합리적인 대비책과 일어날 가상 시나리오를 밤낮으로 만들어 걱정하고 현실에서 대응하려고 하는 식이다. 가장 바람직한 것은 확인된 사실에 근거해 다음 이야기를 하는 것이다.

상담을 오는 사람 가운데 가장 효과를 보기 어려운 사람은 단연 의심하는 사람이 으뜸이다. 의처증이나 의부증이 대표적인 증상이다. '만약 아내가 다른 남자와 바람을 피운다면'이라는 전제를 근거로 온갖 상상을 하고 괴로움에 고통받는 사람이 의처증 남편이며, 반대로 '만약 남편이 다른 여자와'라는 전제로 고통을 받는 사람이 의부증 아내다. 망상이나 환각을 가진 사람 역시 '만약 이러하다면'이라는 전제에서 생기는 이미지와 감각적 자극 때문에 괴로워하는 사람이다.

건강한 정신으로 산다는 것은 확인되지 않은 가정을 전제로 사는 것이 아니라 규명된 사실, 확인된 증거를 토대로 말하고 시나리오를 쓰며 사는 삶을 의미한다. 전쟁을 생각하면 간단히 원리를 알 수 있다. '만약 이곳으로 적이 들어온다면'이라고 가정하고 엉뚱한 곳에 군사를 집결시킨다면 몰살당할 수 있다. 정확한 적의 동태 파악이 전쟁에서는 생명을 지키는 일이다. 정확히 적의 흐름을 읽고, 이에 대비해 아군의 작전을 수립하는 것이 전쟁에서 승리하는 길이다. 우리도 이런 전쟁의 원리를 배워야 한다.

싫증이 나는 이유

| 아무리 좋은 것도 결국에는 질린다

스승 | 옛날 할머니들 말씀 가운데 '손주는 올 때 반갑고 갈 때 반갑다'는 말이 있다. 올 때는 오랫동안 보지 못한 손주가 오니 반가운 것이고, 며칠 있으면서 온갖 수발을 다 들어야 하니 몸이 피곤하고 힘들어 간다고 하면 '이제 살았다' 싶어 반가운 것이다.

이처럼 아무리 사랑스럽고 귀한 것도 싫증이 나는데, 유일하게 싫증이 나지 않는 게 두 가지 있다. 하나는 자기 자신이며 또 하나는 깊은 쾌락이다. 첫 번째로 자기애는 거의 모든 사람의 본능이다. 자기를 싫증 내는 것이 본능이라면 인류는 지금까지 존속할 수 없었을 것이다. 또 하나는 깊은 쾌락인데, 이는 대개 깊은 삶의 통찰과 깨달음에서 온다. 많은 수도자가 같은 옷을 입고 규칙적이고 반복적인 생활을 하면서도 개성 있게 입고 자유롭게 생활하는 사람들보다 싫증을 덜 내는 이유는 삶과 죽음의 깊은 이치를 깨닫고 이에서 즐거움을 얻는 깊은 쾌감을 맛보며 살아가기 때문이다.

제자 ㅣ 　　　　유행은 수명이 짧다. 유행은 일종의 특정한 감각적 패턴의 선호이기에 쾌감의 깊이가 얕다. 쾌감의 깊이가 얕은 것은 잠시 반싹이다가 스러질 숙명을 안고 있다. 예수나 부처의 가르침은 여기서 들어도 그 소리이고 저기서 들어도 그 소리인데도 불구하고, 사라지는 것이 아니라 세월이 지날수록 더욱 반복되고 사랑받으며 인용되고 회자된다. 도무지 싫증이 날 기미가 보이지 않는다. 그것은 깊은 깨달음과 거기서 오는 쾌감이 있기 때문이다.

단기간 요리 기술을 배우는 사람은 싫증을 내지만, 요리의 달인이나 장인이 되면 싫증을 내지 않는다. 그만큼 깊기 때문이다. 싫증은 호불호에 좌우되기보다 깊이에 좌우된다. 이것을 알면 싫증 내지 않고 재미있게 살 원리를 이해하게 된다.

지혜의 농도

| 머리로만 쌓은 지혜는 가짜다

스승 | 똑같은 지혜라 하더라도 머리로 쌓은 지혜인가, 발로 쌓은 지혜인가에 따라 지혜의 농도가 달라진다. 머리로 쌓은 지혜는 에스프레소에 물을 잔뜩 집어넣은 것처럼 농도가 묽고 옅다. 이에 비해 발로 쌓은 지혜는 물을 뺀 에스프레소 진액처럼 농도가 진하다.

예전에 삼청동에 집을 짓고 정원에 나무를 심는데, 기왕이면 무성하게 나무들이 덮이기를 바랐다. 정원수 심는 일을 하는 일용직 노인에게 촘촘하게 나무를 심어달라고 부탁했다. 병원을 다녀와 정원을 보니 내가 엉성하게 심은 그대로였다. 왜 손을 대지 않았느냐고 물었더니 종일 정원에 앉아 어떻게 꾸미는 게 제일 좋을까 생각했는데, 손대지 않고 이

대로 두는 게 제일 좋겠다는 생각이 들어 가만히 두었다고
했다. 그러면서 세월이 지나면 아름다워질 것이라고 했다.
최근 삼청동 살던 집을 가보니 과연 그 노인의 말대로 정원
이 아주 아름답게 변해 있었다. 제도권 교육을 한 번도 받아
보지 못한 노인이었지만 경험이 주는 지혜의 농도는 짙고
진했던 것이다. 이제 와 생각해보니 우리 삶에서 진짜 지혜
는 상상에 경험을 더할 때 만들어지는 것이었다.

제자 | 앎에는 얕은 앎과 깊은 앎이 있다. 그리
고 그 사이에 익어가는 앎이 있다. 얕은 앎이 머리로 아는
앎이라면 깊은 앎은 가슴으로 아는 앎이다. 그리고 익어가
는 앎은 발로 아는 앎이다. 발로 직접 경험하면서 체험이 깊
어질수록 얕은 앎은 깊은 앎으로 나날이 익어간다.
가짜는 많고, 진짜는 적고, 공짜는 없다. 가짜 지혜가 진짜
지혜가 되려면 공짜를 바라면 안 된다. 발로 뛰고 몸으로 체
득하는 경험이야말로 진짜 지혜를 만드는 보약이다.

말도 안 돼

| 상식은 습관에 불과하다

스승 | 　　　개를 기르는 어느 집에서 한 달 동안 개 먹이로 드는 돈이 500만 원이 넘는다는 유튜브 영상을 보았다. 개에게 비싼 고기도 먹이고, 온갖 좋은 것을 먹이다 보니 500만 원이 훌쩍 넘어간다는 이야기를 들으면서 내심 놀랐다. 이 이야기를 주변 지인들에게 했을 때 가장 많이 나온 반응은 "말도 안 돼"였다. 그러면서 내 상식으로는 도저히 이해되지 않는다는 설명을 덧붙였다.

상식은 보통 사람이 가지고 있는 지식이라고 생각할 수 있지만, 자세히 들여다보면 이 시대 사람들이 가지고 있는 습관이라고 할 수 있다. 이러한 상식은 어느 사회에나 있다. 그런데 문제는 사람마다 가지고 있는 상식이 다른 데 있다.

일반적인 사회의 상식과 나의 상식이 다를 수 있고, 너의 상식이 나에게는 상식이 아닐 수도 있다. 한 달에 몇 억씩 버는 사람에게는 개 먹이로 500만 원이 드는 것이 지극히 상식적인 행동일 수 있다. 그렇게 생각하면 나에게 말이 안 된다고, 모든 사람에게 말이 안 된다고 여기는 것은 조심해야 한다. 상식은 시대의 산물이고 개인 경험의 산물이라는 점을 기억하자.

제자 |　　　　　사람은 자기 멋에 살고, 자기 기준에 따라 산다. 그것을 명확하게 깨달으면 지금 내가 당연하고 옳다고 여기는 것이 실은 보편적인 진리가 아니라 특별한 내 경험에서 나온 나의 생각에 불과함을 알게 된다.

좋은 대인 관계는 이 깨달음에서 시작된다. 다른 사람과 의견을 나눌 때는 이렇게 말하는 것이 관계를 좋게 하는 데 도움이 된다. "제 생각에는~"이라고 시작하거나, 마칠 때 "~라는 것이 제 생각입니다"라고 말하는 것이다. 자기 기준을 명확히 할 때 더 좋은 관계가 된다는 것이 나의 상식이다.

굳어진 생활 습관이 모든 걸 결정한다

┃통하지 않아야 생활 습관이 바뀐다

스승┃ 청소년들이 할머니에게 담배를 사 오라고 윽박지르고 머리를 때리며 할머니를 조롱하는 영상이 뉴스에 보도되면서 사회적 공분을 산 일이 있다. 이 아이들이 이렇게 된 심리적 원인은 이런 식으로 행동했을 때 자신들이 원하는 것을 얻었던 과거 경험이 행동 습관으로 굳어졌기 때문이다. 이렇게 행동하니 통하더라는 패턴이 반복되면서 생활 습관이 되고, 자연스럽게 비행 행동으로 이어진 것이다.

이런 행동이 나타나지 않으려면 이런 행동을 했을 때 통하지 않아야 한다. 벽에 부딪혀 이 방법으로는 되지 않겠다는 것이 인식되어야 한다. 생활 습관이 바뀌어야 하는 것이다.

엄하게 벌하는 것만으로는 생활 습관을 고치기 어렵다. 비행 청소년을 대하는 사회의 일상적인 대응이 모두 바뀌어야 한다. 청소년 비행 문제를 고치기가 어려운 이유가 여기에 있다.

제자 ┃   통하면 굳어지고, 굳어지면 지속된다. 습관의 힘이 무서운 이유다. 습관 가운데 가장 무서운 습관은 일상에시 만들어신 생활 습관이다.

나는 어린 시절에 책이나 물건을 늘어놓고 뒷정리를 잘하지 않던 습관이 있었다. 나이 들면서 노력했지만 습관을 바꾸는 데는 한계가 있었다. 무엇을 시작하다 얼른 다른 일을 하는 것으로 넘어가는 건 잘하지만, 늘어놓은 자료를 정리하는 것은 미흡했다. 의식하는 것보다 강하고 빠른 것은 습관의 힘이었다. 이런 습관이 벌써 40년 이상 계속되는 이유는 하나뿐이다. 이렇게 해도 별다른 문제가 생기지 않았기 때문이다. 뒷정리를 안 하는 것으로 큰 낭패를 한두 번 보았다면 화들짝 놀라 깔끔하게 뒷정리하는 새로운 습관이 생겼을지 모른다. 통하지 않아야 변한다. 변해야 새로운 삶을 살 수 있다.

나는 뱀한테 잡아먹힐 거야

| 올바른 해석이 문제를 해결한다

스승 | 한번은 후배 교수와 러시아에서 열린 세계 정신의학 학회에 갔다. 성대한 음식을 대접받았는데, 마지막에 먹은 튀김 후식이 너무 고소하고 맛있었다. 슬쩍 이게 무엇이냐고 물어보았다. 그러자 뱀으로 만든 튀김이라고 했다. 그 소리를 곁에서 들은 후배 교수는 바로 화장실로 갔다. 그 후 무려 다섯 차례나 화장실을 들락거리며 복통을 호소했다.

뱀이라는 이야기를 듣기 전만 해도 멀쩡하던 사람이 들은 후부터 화장실을 들락거리니 필시 심리적 이유가 있겠구나 싶었다. 이유를 물어보니 아니나 다를까 어릴 때 병약한 아버지가 거의 날마다 보양으로 뱀탕을 드셨다고 했다. 그때

158

그걸 보며 어린 마음에 '아버지가 이렇게 뱀을 많이 먹으니 나중에 뱀들이 나에게 복수하겠구나' 하는 생각이 들어 무서웠다고 한다. 정신과 의사가 되어 그런 자기 문제에 대해 여러 번 스스로 성찰하고 치료를 했을 텐데도, 막상 뱀으로 된 후식을 먹자 반사적으로 몸에 증상이 나타난 것이 신기하고 놀라웠다.

제자 | 　　　　　아이는 가장 정확한 녹음기인 동시에 가장 엉터리 해석기다. 동일한 사건을 놓고 협소한 시각을 가진 어린아이가 해석하는 것은 넓은 시각을 가진 어른이 해석하는 것과 판이하다. 예를 들면, 부모가 싸우면 자기가 잘못해서 부모가 싸운다고 해석하는 것이다. 문제는 이렇게 엉터리로 한 해석이 좀처럼 교정되지 않고 평생 지속된다는 데 있다.

본인이 정신과 의사로 그런 문제를 가진 환자를 치료하는 전문가임에도 불구하고, 정작 본인의 문제는 해결하지 못한 것을 보면 어린 시절 엉뚱하게 해석한 것을 교정하는 것이 쉬운 일이 아님을 알 수 있다. 해석만 올바르게 해도 우리가 인생에서 만나는 문제의 절반은 해결된다.

오해와 이해의 차이

| 어설프게 아는 것은 아는 게 아니다

스승 |　　　　젊은 시절 나는 아내와 함께 40여 일간 유럽 일주를 했다. 가는 나라, 도시와 만난 사람들에 대한 인상과 생각을 400여 편의 글로 써서 국내로 가져왔다. 당시 나는 해외여행을 통해 그 나라에 대해 제대로 알게 되었다고 생각했다.

시간이 지나고 보니 이해를 한 것이 아니라 오해를 한 것임을 깨달았다. 특정 시간에 보고 만난 특정한 사람을 일반적인 시간, 일반적인 사람으로 생각했기 때문이다. 만약 영국 사람이 이틀간 서울에 와서 남대문 시장에 하루, 강남에 하루를 다니면서 몇 사람을 만나보고 한국은 이런 사회이고, 서울 사람들은 이렇다고 글을 썼다면 제대로 한국과 서울을 이해했다고 인정할 수 있겠는가. 일부 사람의 이야기라고 생각할 것이다. 이와 마찬가지다. 그래서 여행을 하면 그곳을 알게 된다고 생각하는 것은 착각이다. 그곳에 오래 살아도 알까 말까 한 일을 관광객의 입장에서 알았다고 하는 것은 교만한 생각이다.

제자ㅣ　　　　해외여행을 하면 해외를 더 잘 알게 되는 것 같지만, 시실은 더 오해할 수 있다는 선생님의 이야기를 듣자 허를 찔리는 느낌이었다. 그리고 공감할 수밖에 없는 이야기에 가만히 우리 삶을 돌아보게 된다.

어찌 해외여행만 그러하겠는가. 우리가 태어나서 지금까지 살아가는 인생여행도 해외여행과 하등 다를 게 없다. 내가 경험한 특수한 일을 일반화하고, 이건 이렇고 저건 저렇다 떠들며 살아온 건 아닐까 반성이 된다. 내가 사실이라고 생각하는 대부분이 어쩌면 특수한 경험에서 굳어진 편견과 선입견일 수 있다. 편견과 선입견에서 벗어나려면 내 경험이 일부라는 사실을 한 번씩 떠올리며 살아야겠다.

사랑은 양파 까기다

| 깔수록 눈물이 난다

스승 | 결혼한 사람들의 이야기를 듣다 보면 눈에 콩깍지가 씌어 결혼했다는 소리를 많이 한다. 콩깍지가 눈에 붙으면 보고 싶은 것만 보고, 정작 보아야 할 것은 보지 못하고 만다. 양파 껍질을 벗기면 새로운 양파가 있는데, 그것을 벗겨보지도 않고 양파의 겉만 보고 '이 사람이다!' 하고 결혼했다는 소리다.

제자 | 결혼하기 전날 어머니가 당부한 말은 한마디였다. "내 몸 사랑하듯 여자를 사랑해라." 돌아보니 그 말에 깊은 뜻이 담겨 있었다. 나도 사랑하고, 아내도 똑같이

사랑하라는 말이었다.

결혼 후 내 몸을 사랑하려면 어떻게 해야 할지 고민이 됐다. 일단 제일 중요한, 먹는 건 입이 좋아하는 것보다 몸이 좋아하는 것을 먹어야 한다는 걸 알았다. 처음에는 입에 달콤한 것을 먹는 게 내 몸을 사랑하는 거라 생각했는데 몸에 자꾸 병이 생겼다. 그래서 심심하고 담백한 것을 먹기 시작하자 몸이 건강해졌다. 이런 경험으로 먹는 건 겉으로 입이 좋아하는 것과 속으로 몸이 좋아하는 게 다르다는 걸 깨달았다.

아내를 사랑하는 깃도 겉만 사랑하는 것과 속까지 사랑하는 것이 다를 수 있다는 생각이 들었다. 부부가 서로 사랑하며 사는 것은 양파 껍질을 한 겹씩 벗겨내며 속을 알아가는 과정이다. 양파는 깔수록 눈물이 난다. 아내도 알아갈수록 눈물이 났다. 그동안 몰라 미안하기도 하고, 무언가 내가 받아들이고 깎아내야 할 것도 생겨 눈물이 났다. 흘린 눈물 방울만큼 사랑도 깊어갔다. 언제쯤 양파를 다 깔 수 있을까. 까도 까도 또 나오는 양파 속 때문에 사랑이 깊어지기도 하고 시름이 깊어지기도 하니, 서로를 알아가는 것이야말로 미운 정 고운 정이 들어가는 양파 까는 과정이다.

나이가 들면 기억력이 떨어지는 이유

| 그래야 살 수 있기 때문이다

스승 |　　　　가끔 나이가 들면 왜 기억력이 떨어질까 생각한다. 그러면 그래야 살 수 있다는 답에 이른다.

만약 나이 들어 기억력이 떨어지지 않으면 어떤 일이 생길까. 최근 생긴 어렵고 힘든 일들이 잊히지 않고 계속 떠오른다면 굉장히 많은 감정 소모를 해야 할 것이다. 이것은 그러지 않아도 약해진 신체의 모든 에너지를 동원해야 하니 노인을 굉장히 힘들게 만든다. 그래서 조물주는 나이가 들수록 자꾸 기억하지 못하도록 장치를 해놓은 게 아닐까. 얼마 안 되는 체력으로도 감당할 수 있도록, 감정 소모를 최소화할 수 있도록 해 생존률을 높이는 게 아닐까. 이런 생각을 할 때마다 인간을 만든 조물주의 깊은 배려에 감탄하게 된다.

나이가 든 본인은 기억력이 떨어져 에너지 소모가 적어 좋을 수 있지만 곁에 있는 사람은 힘들다. 한 이야기를 하고 또 하는 걸 처음 듣는 것처럼 들어주려면 너무 많은 에너지가 들기 때문이다. 왜 한 이야기를 토씨 하나 틀리지 않고 하느냐고 어른들에게 물어보면 안 한 것 같아서란다. 환장할 노릇이다.

그렇다면 나이가 어린 사람이 나이 든 사람보다 에너지가 많은 이유는 나이 든 사람이 하는 소리를 인내심을 가지고 계속 들어주고 맞장구를 쳐주라는 뜻이 아닐까. 이렇게 생각하면 서로 궁합이 맞도록 인간을 만든 조물주의 깊은 배려에 나 역시 감탄하게 된다. 아무리 그렇다 하더라도 머릿속 지우개인 치매는 곤란하다. 한꺼번에 너무 많은 기억을 지워버려 본인도 힘들고 주위 사람도 곤혹스러워지기 때문이다. 선택할 수만 있다면 기억력도 서로 덜 힘들게 적당히 떨어지면 좋겠다.

치매에 걸린 부모 대하는 법

| 부모 기억만 따라가면 된다

스승 | 치매에 걸리면 상상, 경험, 기억이 모두 섞인다. 그 모든 게 현실이라 믿는다. 치매에 걸린 사람의 말을 듣다 보면 어리둥절할 수밖에 없는 이유다.

부모가 치매에 걸리면 맞벌이가 많은 요즘 자녀들의 입장에서는 곁에서 돌보기가 어렵다. 더 큰 어려움을 만드는 심리적 이유는 치매에 걸린 부모를 보면 화가 나기 때문이다. 불효자라서 화가 나는 게 아니라 '하필 내 부모가!' 싶은 마음에 속이 상하니 화가 난다. 화 다음으로는 우울증이 찾아온다. 우울해지니 치매에 걸린 부모가 보기 싫어진다. 그래서 부모가 치매에 걸리면 요양원에 보내는 경우가 증가하고 있다. 그 후 죄책감을 느끼는 자녀들이 있는데, 나는 그럴 필요가 없다고 말해준다. 현실적으로도 심리적으로도 내가 감당하기 힘들다면 전문적으로 돌봐주는 기관에 보내는 것이 효자이기 때문이다.

제자 | 치매는 기억력 장애다. 기억력 장애는 서서히 온다. 그래서 어지간히 곁에서 관찰하지 않으면 지금 치매에 걸린 건지, 농담을 하는 건지 잘 구분되지 않는다. 치매에 걸린 부모를 모시기 어려운 이유는 결국 기억력 장애 때문이다. 치매는 기억력 장애 가운데 최근 단기간의 기억에 문제가 생긴다. 그러므로 스트레스를 덜 받으면서 치매에 걸린 부모를 돌볼 방법은 이 원리를 역이용하는 것이다. 치매에 걸린 부모는 내가 뭐라 해도 금방 잊어버릴 테니 너무 고민해서 대답할 필요가 없다. 장가가서 자식이 장성한 자식에게 "너도 장가가야지" 하고 말한다면 "아, 곧 갈 거예요"라고 하든, "얼마 전에 갔어요"라고 하든, "여자를 곧 만나려고 해요"라고 하든 상관없다. 부모 기억만 따라가면 된다. 그게 서로에게 좋다.

고독한 천재

| 함께하는 천재가 그립다

스승 |　　　　프로이트는 고독한 천재였다. 이에 비해 융은 사람들과 어울리는 천재였다. 고독한 천재는 외롭고 쓸쓸하게 자기만의 세계를 완성해갔고, 어울리는 천재는 제자들과 함께 우리들의 세계를 완성해갔다.

유럽을 여행하면서 프로이트 박물관을 가보니 박제된 전시장이었다. 그의 유품들이 고스란히 정리 정돈되어 있었다. 박물관은 과거에 머물러 있었다. 취리히에 있는 융 연구소는 프로이트 박물관과는 사뭇 달랐다. 살아 꿈틀거리는 공부터였다. 학자들이 어울려 융의 연구를 확장하고 재창조했다. 연구소는 현재와 미래를 살고 있는 듯했다. 같은 천재지만 사람들과 관계를 어떻게 하느냐에 따라 전혀 다른 결과가 나타나는 것이 흥미롭다.

제자 | 쇼펜하우어는 '천재의 숙명은 고독'이라고 했다. 자기를 제대로 온전히 이해하는 당대의 사람이 없기에 고독할 수밖에 없다고 보았다. 그래서 천재는 자신의 고독을 숙명으로 받아들이고 자신의 천재성을 연마하는 데 일생을 써야 한다고 말했다. 그런 면에서 프로이트의 고독은 그의 평생 즐거움이자 괴로움의 뿌리였다고 할 수 있다. 이에 비해 융은 자신의 천재성을 조금은 부족하지만 다른 영재들과 나누며 또 다른 천재성을 발휘한 사람이었다. 그런 어울려 만들어내는 능력도 천재적이라고 보아야 할 것 같다.

프로이트나 융처럼 천재가 아닌 우리는 고독보다는 함께 어울려 만들어가는 연대의 미덕이 어울린다. 내가 사는 동네 일식집에 '상호 협력은 어렵다. 그러나 그 성과는 크다'라는 문구가 걸려 있다. 함께 어울려 즐거움도 나누고 창조도 하는 그런 사람으로 살고 싶다.

6 • 비움

완전한
휴식이
필요할 때

취득 습관의 힘

| 세상이 빠른데
　나만 느리게 가면 안 된다

스승 | 　　　서울에서 바쁘게 살던 사람이 조용한 산
골에 가서 며칠 있으면 행복할 것 같지만, 그렇지 않다. 행
복한 시간은 채 하루를 넘기지 못한다. 이튿날부터는 조용
한 산골이 지루하고 심심한 곳으로 변한다. 화장실이 없어
서 불편하다, 모기가 있어 힘들다는 푸념도 나온다. 결국 셋
째 날이 되면 차를 타고 집으로 돌아가버린다. 지금의 서울
생활이 힘들다 하면서도 산골이 더 힘들게 느껴지는 이유
는 힘든 지금의 생활이 그만 습관이 되어버렸기 때문이다.
나는 이를 '취득 습관'이라 부른다.
취득 습관의 힘은 무섭고 강하다. 그리고 이런 취득 습관은
서울에서 살아남기 위해 필연적으로 생긴 습관이라 간절하

다. 간절하고 강한 습관은 잘못된 것이 아니다. 중간중간 충전하는 휴식 시간만 가진다면 문제 될 것이 없다. 어차피 서울에서 계속 살아야 할 삶이 아닌가.

제자 | 한때 힐링이 시대적 대세인 시기가 있었다. 서점가에는 힐링에 대한 책이 주종을 이루었다. 힐링은 쉼과 느림을 주요한 내용으로 하고 있는데, 이 가운데 느림에 대해서는 지금도 그리움과 예찬이 이어지고 있다. 너무 빠른 속도와 너무 높은 성취 요구에 지친 까닭이다.

그런데 선생님은 빠른 세상에서는 빠르게 행동해야 한다고 이야기한다. 세상이 빠름을 요구하는데 나 홀로 느림을 고집한다면 사회에서 도태될 수밖에 없다. 우리 삶의 목적은 생존이며, 생존은 적응을 통해 이루어진다. 빠르면 빠른 대로, 느리면 느린 대로 사는 게 가장 적응을 잘하는 것이며 생존에 유리하다. 빠른 서울에서 빠르게 사는 것이 지혜롭게 사는 법이다. 그러다 지치고 소진되면 어떻게 해야 할까. 그때가 쉴 때다. 잠시 느리게 살 때다. 비 오면 빗속으로, 바람 불면 바람 속으로 가는 삶이 좋다.

사물의 양면성

| 사람마다 형편과 처지가 다르다

스승 |　　　　한 정신과 의사가 있었다. 최근에 우울증 신약이 나왔는데, 효능이 이전 약보다 더 좋았다. 그런데 우울증 치료를 받으러 온 환자는 가난한 사람이었다. 의사는 잠시 고민에 빠졌다. 효과가 더 뛰어난 신약을 처방할 것인가, 효과는 떨어지지만 값싼 옛날 약을 처방할 것인가.

의사는 효과가 떨어지는 옛날 약을 처방했다. 병을 먼저 본 것이 아니라 사람을 먼저 보았기 때문에 내린 결정이었다. 아무리 좋은 약도 비싸면 가난한 사람에게는 그림의 떡이다. 한두 번은 몰라도 계속 살 수가 없다. 그보다는 오래 살 수 있는 약이 더 낫다. 병으로만 보면 처방을 잘못 내린 의사지만, 그 사람으로 보아서는 제대로 처방을 내린 의사이다. 사물은 양면을 다 보아야 한다.

제자 | 　　　　　　　옛날 한 의사가 방문 치료를 갔다 나오면서 아무 처방도 하지 않았다. 함께 따라갔던 제자가 왜 처방하지 않았느냐고 물었다. 그러자 의사는 "이 병은 약으로 낫는 병이 아니다"라고 말하면서 몰래 그 사람 집에 돈 봉투를 놓고 나왔다. 가난해 못 먹어서 생긴 병이라는 것을 알았기 때문이었다.

사람은 환경의 동물이라 처한 환경에 영향을 받는다. 그가 어떤 환경에 처했는가를 잘 살펴보면 그가 왜 이런 아픔과 고통을 겪게 되었는지 알 수 있다. 살과 비계가 분리되는 것처럼 아픔과 고통만 떼어 생각할 수는 없다. 그러므로 좋은 마음으로 다른 사람을 도우려고 하는 사람은 눈앞의 어려움만 보아서는 안 된다. 그 사람이 처한 처지와 형편을 두루 살펴보는 시선이 앞서야 한다. 그 사람이 처한 삶의 맥락에서 어떤 도움을 줄 것인가를 생각할 때 가장 적절한 도움을 줄 수 있다.

단순한 삶을 위하여

| 수많은 시행착오 끝에 알게 된 깨달음

스승 |　　　정신과 환자들을 보면 공통점이 하나 있다. 머리가 너무 복잡하다는 것이다. 옛날에 벌써 세상을 떠난 아기의 나이를 헤아리고 있는 격이다. 과거에 대한 생각을 밑도 끝도 없이 계속한다. 과거뿐만이 아니다. 성수대교가 무너졌으니 한강대교도 무너질 거라 생각한다. 생기지도 않은 미래를 현재로 끌고 와서 온갖 걱정을 도맡아 한다. 그러다 보니 지금 내 눈앞에 재미있는 것이 오더라도 보지를 못하고 그냥 흘려보낸다. 과거에 집착하고 미래를 걱정하는데 너무 많은 에너지와 생각을 하며 살다 보면 자신도 모르게 환자가 된다.

신 내린 무속인이 칼 위를 걷는다거나 숯불 위를 걸어도 발이 베이거나 데지 않는 것을 보면 집중력이 대단하다고 생각한다. 이런 집중력은 모든 생각을 집중해서 하나로 단순화시킬 때 생긴다. 현재에 생각을 집중해 단순화시키는 의식적인 노력을 하는 사람이 건강한 사람이다.

제자 | 　　　　　단순한 것이 최고는 아니지만, 최고는 늘 단순하다는 이야기가 있다. 단순한 것도 두 종류가 있다. 하나는 단순해서 단순한 것이다. 바보가 단순한 것이 여기에 해당한다. 또 다른 하나는 복잡하다가 단순해지는 것이다. 사색과 경험을 통해 달라 보이던 여러 현상이 실제로는 하나의 원리로 통한다는 것을 깨달았을 때 단순해지는 것이 여기에 해당한다. 운동이든 공부든 잘하려고 하면 '힘을 빼라'고 하는 것은 단순한 말 같지만, 복잡한 수많은 시행착오 끝에 알게 된 단순한 깨달음이다.

삶은 매 순간이 예측 불가다. 복잡하기 이를 데 없다. 이런 삶을 잘 살기 위해서는 현재에 집중해 생각을 단순화하는 노력을 기울여야 한다.

보통 담요와 고급 담요

| 마음에 걸치는 담요도 급이 있다

스승 | 동대문 시장에 가면 천을 파는 가게들이 즐비하다. 천도, 모양도, 색깔도, 감촉도 모두 다르다. 가장 쉬운 판별 기준은 가격이다. 싼 천은 싼 게 비지떡이라고 천이 엉성하다. 이에 비해 비싼 천은 촘촘하고 촉감도 좋다. 사람의 마음도 이와 같아서, 위험이나 불쾌한 것으로부터 자신을 방어하는 마음의 천이, 남 탓을 하는 투사부터 웃음으로 승화시키는 유머에 이르기까지 낮은 급과 높은 급이 있다. 가장 낮은 급은 내로남불의 천이다. 나는 잘못해도 다이유가 있는 것이고, 남은 같은 잘못을 해도 인간이 나빠서라고 뒤집어씌우는 천이다. 가장 저급한 천이라고 할 수 있다. 이에 비해 가장 고급 천은 유머다. 불쾌한 일을 웃음으

178

로 넘기는 유머는 여간 성숙한 사람이 아니면 하기 어렵다.

제자 | 우리 가문의 어른 가운데 월남 이상재 선생은 유머가 많은 분이었다. 한번은 대중 강연을 하러 갔는데, 그곳에 일본 순사와 같은 동포이면서 일본 앞잡이를 하는 사람들이 많이 와 있었다. 당시 일본 순사는 '나리'로, 앞잡이는 '개'라고 불렀다. 월남 선생은 좌중을 둘러보며 말했다 "겨울인데도 오늘은 개나리가 활짝 피었습니다그려." 좌중이 폭소를 터트렸다.

유머는 정신적 여유와 자신감에서 나오는 고급 방어 기제다. 게다가 사태를 정확히 바라보고 본질을 꿰뚫는 지적인 힘에서 생겨난다. 아무나 유머를 구사할 수 없는 이유다. 독침으로 바로 찌르는 것이 낮은 격의 방어 기제라면, 웃음으로 독침을 넌지시 감싼 것이 유머다. 유머를 타고난 감각이라 부러워만 할 것이 아니라 본질을 보는 눈을 기르고, 나에 대한 자신감을 키우면 누구나 가질 수 있다.

죄를 짓고 즐거워하는 사람은 누구인가

| 결정적 시기를 놓친 사람이다

스승 | 　　　　누구나 양심이 있을 것 같지만 천만의 말씀이다. 죄를 짓고도 쾌감을 느끼는 사람이 있다. 사람이 어떻게 저럴 수 있느냐고 손가락질하지만, 그렇게 손가락질하는 사람도 손가락질당하는 사람과 같은 삶을 살았다면 그와 다르게 행동할 수 있었을까 생각해볼 필요가 있다. 인간은 생각보다 나약하고 환경의 영향을 많이 받는 존재이기 때문이다.

연쇄살인을 하고, 타인을 고통에 빠트리고, 이를 즐기는 사람은 원래 그렇게 태어난 것일까. 반대로 선한 사람은 원래 그렇게 태어난 것일까. 사실을 말하자면 인간은 양심이 없이 태어난다. 양심은 가지고 태어나는 것이 아니라 길러지는 것이다. 양심을 배울 대상이 없다면 당연히 길러져야 할 양심이 길러지지 않는다. 양심이 길러지는 것도 골든타임이 있어서 이때를 놓치면 이후에 좀처럼 발달하지 않는 특징이 있다.

제자 | 　　　미국의 한 정신과 의사가 교도소에 수감된 온갖 흉악범들에게 양심을 길러주기 위해 기발한 아이디어를 냈다. 갓난아기로 퇴행하도록 하자는 아이디어를 낸 의사는 재소자들에게 젖병도 빨게 하고 기저귀도 채우는 등 아이의 양심 발달 단계에 따라 행동하도록 했다. 결과는 어떻게 되었을까. 재소자들은 그 의사를 인권 모독으로 고발했다.

이는 골든타임을 놓치면 양심은 비가역적으로 된다는, 즉 돌아가지 않는다는 것을 입증한 사례다. 그래서 양심이 없는 사람은 혐오의 대상이기 이전에 연민의 대상이기도 하다. 양심을 배울 사람을 만나지 못했기 때문이다. 간디는 일찍이 '폭력하는 사람은 나쁜 사람이 아니라 더 좋은 기회를 얻지 못한 사람'이라 했다. 어린 시절 부모의 역할이 중요하다. 아이의 양심은 부모 하기 나름이라는 사실이 무섭다.

풀리지 않는 감정이 오래 머물면

| 쌓지 말고 풀어야 한다

스승 | 나는 초등학교 때 비만 오면 팔에 큰 두드러기가 났다. 뭘 잘못 먹어 두드러기가 나는 건 이해되지만, 그렇지도 않은데 두드러기가 나니 도무지 그 이유를 알 수 없었다. 한참 시간이 지나고 정신과 공부를 하면서 두드러기가 나는 원인이 상한 음식을 먹어서 나는 신체적 이유 외에도 심리적 이유가 있다는 것을 알았다.

비와 두드러기와의 관계를 곰곰 생각하다, 비 오는 날 심부름을 다녀오면 두드러기가 났다는 것이 떠올랐다. 당시 심부름을 하려면 여간 귀찮은 게 아니었다. 가기 싫은 심부름을, 그것도 비를 맞으며 먼 길을 가야 하니 너무 싫은 마음에 몸에 두드러기가 났던 것이다. 그 사실을 이해하고 나자 거짓말처럼 아무리 비를 맞아도 두드러기가 생기지 않았다. 우리 마음은 보이지 않지만 무섭다. 이유가 사라졌음에도 몸에 풀리지 않은 감정이 계속 나타나니 말이다.

제자 | 세상에서 나에게 가장 집요한 것은 무엇일까. 아마 과거가 아닐까. 과거는 두드려도 불쑥 솟아오르는 두더지 게임 속 두더지처럼 여기서 불쑥 저기서 불쑥 솟아오른다. 그리고 영문도 모르는 나에게 이런저런 증상으로 나타난다.

그런 증상이 나에게 요구하는 것은 무엇일까. '아하! 그래서 내가 이러는 거구나!' 마치 자신의 하소연을 속 시원하게 들어달라는 것 같다. 내가 얼마나 힘들었는지, 내가 얼마나 고통스러웠는지 다른 사람은 몰라도 나 자신은 제대로 알아달라는 소리다. 비와 심부름의 관계를 이해하고 났더니 두드러기가 사라졌다는 선생님의 이야기가 마음속의 작은 한풀이를 하는 씻김굿을 하고 났더니 깨끗하게 한이 사라졌다는 이야기로 들린다. 사람은 쌓아두고는 못 사는 존재다. 풀고 살자.

빨리빨리 좀 해

| 분별하고 구별하는 힘이 중요하다

스승 | '빨리빨리'는 양날의 칼과 같다. 빨리해야 할 때 빨리하면 사람을 살리는 칼이 되고, 천천히 해야 할 때 빨리하면 사람을 죽이는 칼이 된다. 우리는 오랫동안 '빨리빨리'에 대해 이야기할 때 줄곧 죽이는 칼에 대해서만 이야기해왔다. 반대 측면에 살리는 칼이 있다는 것에는 주목하지 않았다.

빨리하되 제대로 하면 기적이 된다. 2002년 월드컵 4강 신화는 빨리하되 제대로 한 결과였다. 빨리하는 것이 살리는 칼이 된 예다. 또 중동에 한국의 기적을 만든 중동건설도 빨리하는 것의 강점이 작용한 예다. 빨리하려는 속성 때문에 전 국민의 휴대폰 보급률과 인터넷 속도가 세계에서 가장 앞선 나라가 되었다. 이런 살리는 이야기들이 마음속에 '빨리'에 대한 인정과 자부심을 느끼게 한다. 이것이 바탕이 된 후에 빨리빨리 하는 것에 대한 죽이는 이야기를 하는 것이 올바른 순서다.

제자ㅣ　　　　　분별하는 마음도 양날의 칼이다. 가진 것에 따라 사람을 분별하면 죽이는 칼이 된다. 그러나 내가 할 수 있는 일과 없는 일을 분별하면 사람을 살리는 칼이 된다. 그러므로 분별하고 구별하는 힘을 잘 쓰면 얼마든지 사람을 살릴 수 있다.

'빨리빨리'도 해야 할 때와 하지 말아야 할 때를 잘 분별하면 우리를 더 풍요롭고 행복하게 하는 칼이 된다. 문제는 어떤 경우이든 빨리하려고 할 때 생긴다. 천천히 해야 할 일의 대표적인 것은 사람과의 관계다. 사람은 복잡한 존재이므로 만나면 바로 친근해지고 모든 것을 나눌 수 있는 사이가 되지 않는다. 오래 관찰하고 공을 들여야 관계도 서서히 익어 간다. 급하게 친해지려고 애쓰면 관계에 무리가 생기고 낭패를 볼 일이 생긴다. 분별의 미덕이 '빨리빨리'를 살리는 묘약이다.

바통 이어받기 인생

| 기분 좋게 살다 가면 된다

스승 |　　　　　어린 시절 운동회의 하이라이트는 400미터 계주였다. 네 명이 차례로 바통을 이어받아 달려 가장 빨리 뛴 팀이 1등을 하는 게임이다. 인생도 가만히 보면 바통을 이어받는 과정의 연속이다. 초등학교 바통을 이어받아 중학교에 다니고, 학교 졸업 바통을 이어받아 취직을 하며, 취직 바통을 이어받아 결혼을 한다. 마지막에는 내 삶의 바통을 다음 사람에게 넘겨준다.

이번 100미터를 잘 달렸다고 다음 100미터를 계속 잘 달린다는 보장이 없듯이, 내가 아무리 열심히 살았어도 내 자식이 잘 살 거라는 보장이 없다. 반대로 내가 잘 못 살았어도 후손이 못 살 거라는 보장도 없다. 그러므로 나는 내 속도대

로 열심히 살면 족하다. 뒤에 뛸 사람 걱정은 내가 할 필요
도 없고 소용도 없다.

제자 ┃　　　　　　　인생이 바통을 이어받는 일이라면 슬프
기도 하고 기쁘기도 하다. 첫 주자가 너무 못 달리면 뒤에
바통을 이어받는 주자가 어지간히 잘 뛰지 않으면 앞서가는
다른 팀 주자를 앞지르기 어렵기 때문에 슬프다. 흙수저가
금수저가 되기 어려운 것이 현실이기에 슬픈 인생이다.
한편, 정말 열심히 달리면 역전도 가능하기에 기쁘다. 앞에
달린 주자를 원망한들 달라지는 건 아무것도 없다. 이제 나
는 어떻게 달릴 것인가를 생각하고 전력 질주를 하다 보면
순위가 달라질 수도 있는 게 인생이다.
이번 생에 한 것이 없다고 너무 한숨 쉴 필요도 없다. 누군
가 내가 한 일을 이어갈 것이고, 누군가 내가 고민하던 인
생 문제를 풀어낼 것이다. 다음 주자를 믿고 마음 편하게
묵묵히 내 길을 가면 된다. 그것이 나도 좋고 뒷사람도 즐거
운 일이다.

죽음보다 더 큰 고통

| 죽을 거라는 생각이 더 고통스럽다

스승 | 얼마 전 전신마취를 하고 수술을 받았다. 수술을 받으러 들어가면서 마취에서 깨지 않아 죽는다면 고통도 모르고 가는 것이니 괜찮겠다는 생각이 들었다. 또 수술이 잘되어 산다면 살아서 기쁜 것이니 그 또한 괜찮겠다는 생각도 들었다.

수술실에서 마취를 하는데 의사가 귀에 대고 말했다. "선생님, 제가 선생님한테 배웠어요." 그 말을 듣자 안심이 되고 기분이 좋아졌다. 제자는 "제가 잘해드릴 테니 아무 걱정하지 마세요"라며 마취 주사를 놓았다. 그러다 "눈 떠보세요"를 몇 번 반복했다. 왜 수술을 하지 않고 이런 걸 시키는가 의아했다. 그런데 수술이 그새 끝난 것이었다.

수술을 받고 나는 깨달았다. 죽음에 이르는 과정이 고통스러운 것이지, 죽음 자체는 고통스러운 것이 아니었다. 네팔에 있는 지인 중 시인이 있다. 그는 죽음에 대해 이렇게 선시를 썼다.

'죽음은 즐거운 것이다. 불도 무섭지 않나 보다.'

제자 |　　　　　젊을 때는 남이 죽어도 나는 죽지 않는다고 생각했다. 중년이 되어서는 남이 죽으면 언젠가 나도 죽겠다고 생각했다. 더 나이가 들면 남이 죽으니 나도 이제 죽는다고 생각할 것이다. 결국 죽음은 점점 나의 현실로 다가선다. 죽음에서 나만 예외일 수는 없다. 그런 생각을 하면 두렵고 무서워진다. 그런데 정작 죽음보다 무서운 것은 죽을까 두려워하고 걱정하는 마음이다.

선생님의 수술 이야기를 듣고 난 날부터 잠을 푹 잘 수 있었다. 언제 죽을지 모르지만 언젠가 나는 죽을 것이다. 그런데 죽음 그 자체는 고통스럽지 않다. 죽음에 대한 생각이 고통스러울 뿐이다. 그러므로 아직 죽지 않은 나는 죽음보다 삶을 생각하며 살면 되겠구나 싶었다. 죽음을 깊이 생각하면 죽음에서 조금 더 자유로워진다.

행복할 시간

| 행복해지려다 불행해진다

스승 | 어느 기자가 기업 총수를 만났다. 총수는 기자에게 오늘 함께 식사를 하면 좋겠는데 선약이 있으니 다음으로 미루자고 했다. 기자는 어떤 VIP와 약속이 있는지 궁금해 누구랑 약속이 있느냐고 물었다. 그러자 총수는 "우리 가족과 점심 약속이 있어요"라고 말했다.

나는 이 이야기를 듣고 총수가 행복에 대해 아는 사람이란 생각이 들었다. 기업 총수가 되려면 수많은 일상을 희생하고 오직 일에만 매달려야 한다. 그리고 그것이 습관이 되면 일상과 가족을 뒷전으로 하기 쉽다. 그런데 가족과의 점심 약속을 이유로 기자와의 식사를 미룰 정도라면 이 총수는 일상과 가족의 소중함을 잘 아는 사람이다. 앞으로 이런 총

190

수가 더 많아지면 좋겠다.

제자 |　　　　　　돈은 행복에 중요하다. 그런데 돈을 버는 목적은 돈이 아니라 행복하기 위함에 있다. 사람은 똑똑한 것 같지만 단순해서 어딘가 몰두하다 보면 원래의 목적을 잊어버리고 그 일이 목적이 되곤 한다. 돈도 벌다 보면 돈 버는 것이 목적이 되기 쉽다.

내 머리에 있는 것을 남의 머리에 넣는 일과 남의 주머니에 있는 것을 내 주머니로 가져오는 일이 가장 어려운 일이라 돈 버는 일은 쉬운 일이 아니다. 모든 것을 걸고 24시간 마음을 쏟아야 겨우 이루어낼 수 있는 일이다. 그러다 보니 돈을 벌 때는 다른 것을 돌아볼 여유가 없고 그럴 정신도 없다. 행복해지기 위해 돈을 벌려고 하는데, 돈을 버는 데 모든 것을 걸다 보니 행복해질 시간이 없어진다. 이 어려움을 벗어나는 방법은 '문득 돌아보기'다. 내가 지금 뭘 하고 있는지, 무엇을 위해 이러고 있는지, 그런 돌아보기에서 행복해질 여지가 생긴다. 행복해지려다 불행해지는 건 억울한 일이다. 우리 모두가 덜 억울하게 살면 좋겠다.

어떻게 키워도 자식은 실패하게 되어 있다

| 마음대로 하게 두어라

스승 | 베토벤의 아버지는 폭군이었다고 알려져 있다. 어린 베토벤을 방에 가두고, 피아노 치는 것이 그날 목표를 이루지 못하면 밖으로 못 나오게 했다. 이런 폭압적인 분위기에서 자랐지만 베토벤은 세계적인 음악가가 되었다. 그것은 아버지의 덕이 아니라, 아버지의 강압을 능가하는 베토벤의 음악적 소질이 있었기 때문이다.

모든 자식은 베토벤과 같다. 천부적인 소질을 가지고 있다. 이것이 개발되면 누구와도 비교할 수 없는 자신만의 성공을 거두게 된다. 그런데 자기 소질과 다른 영역이 개발되면 아무리 노력해도 실패가 예정되어 있다. 대부분 부모는 자식의 소질을 발견하지 못한다. 발견하기 어렵기 때문이다. 그래서 자식은 어떻게 키워도 실패할 가능성이 높다. 이 사실을 깨달으면 어떻게 자식을 키워야 할지 새로운 눈을 뜰 수 있다.

제자 |　　　　　결혼하고 낳은 아들이 돌도 채 되지 않았을 때 선생님에게 청천벽력 같은 말을 들었다. 자식은 어떻게 키워도 실패하게 되어 있다는 소리였다. 실패하게 되어 있다는 말씀을 새겨보니, 자식의 소실을 발견하기 어렵다는 뜻이었다. 지금도 나는 고등학생 아들의 소질을 잘 모른다. 어떻게 키워도 실패하게 되어 있다면 어떻게 키워야 할까 고민했다. 이래도 안 되고 저래도 안 된다면 아이가 크는 과정 내내 얼굴을 찌푸리며 보낼 필요는 없겠다는 생각이 들었다. 그래서 과정이라도 즐거우면 되겠다는 마음으로 키우기 시작했다. 남을 괴롭히는 말이나 행동만 제외하면 무엇이든 아들이 하고 싶은 대로 하도록 했다. 아들도 아직 자기 소질을 발견한 것 같지 않다. 하지만 웃으며 살아간다. 그걸 보며 부모인 나도 웃으며 산다. 나는 어쩌면 이게 성공이 아닐까, 말도 안 되는 의심을 하며 살고 있다.

마음의 앙금 없이 사는 것

| 곱게 늙어가기 위한 비결

스승 | 　　　　내가 좋아하는 프랑스 속담 가운데 하나는 '앙금이 없는 포도주처럼 늙고 싶다'는 말이다. 와인은 아무런 앙금이 없어야 고급이고 맛도 좋다. 나이 들어 그런 사람이 되고 싶은 마음은 누구나 한 번쯤 가지는 소망이다. 이와 비슷한 말로 우리나라 어른들도 '곱게 늙고 싶다'는 이야기를 한다.

나는 오래도록 어떻게 늙는 것이 곱게 늙는 것일까 의문이었다. 그러다 마음의 앙금 없이 사는 것이 곱게 늙는 것이라는 결론에 이르렀다. 그런데 그건 착각이었다. 포도주는 앙금이 없을 수 있어도 사람은 마음의 앙금인 응어리가 없을 수 없다. 죽을 때까지 이런저런 앙금이 있는 게 사람이다. 그

194

것이 힘을 발휘할 수 없도록 관리하는 것이 곱게 늙는 것이고, 앙금이 없는 포도주처럼 사는 것임을 이제야 깨닫는다.

제자 |　　　　　미국 소아과 의사인 네이딘 버크 해리스(Nadine Burke Harris)는 어린 시절의 트라우마가 신체 건강에 미치는 영향에 대해 연구한 결과, 유독성 스트레스가 뇌와 신체에 장기적인 변화를 일으킨다는 사실을 발견했다. 자신은 해결했고 사라졌다고 생각하시반 어린 시절에 받은 상처와 트라우마가 사라지지 않고 몸속에 평생 남아 돌아다닌다는 이야기다.

독사와 사람의 차이는 독사는 독주머니가 있어 독에 자신이 상하지 않고 독을 밖으로 내보내지만, 사람은 독주머니가 없어 상처와 아픔이 독이 되어 자기 안에 고스란히 퍼지고 각인되어 남는다. 마음의 앙금이자 독을 해소할 수 있는 방법은 좋은 사람과의 관계, 자기 마음 관리가 최선의 방법인 것으로 알려져 있다. 내 주변의 좋은 사람을 만나고, 나의 앙금을 다독여주는 일은 곱게 늙어가기 위한 비결이다. 마지막 생은 곱고 싶다.

7 • 성장

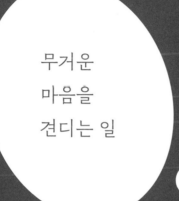

무거운
마음을
견디는 일

한 번 죽을 바에야

| 이런저런 재미 좀 보고 살자

스승 | 　　　내 고등학교 친구 중에 사업을 하느라 평생 바쁘게 살아온 친구가 있다. 그 친구와 고등학교 때 산악회를 만들었고, 산악회는 후에 히말라야를 자주 찾았다. 하지만 정작 그 친구는 사업을 하느라 바빠 히말라야를 가지 못하고 지원금만 내왔다. 친구는 히말라야를 가는 것이 소원이었다. 어느덧 친구는 팔십 넘은 노인이 되었고, 그토록 가고 싶어 하던 히말라야에 가려 했지만 체력이 되지 않아 끝내 가지 못하고 말았다.

천년만년 살 것처럼 생각하고 사는 사람이 많다. 하지만 우리 수명은 기껏해야 백 년이다. 나도 죽는다는 것을 받아들이면, 한 번 죽을 바에야 남은 시간 이런저런 재미 좀 보고 살자는 마음이 생겨 하고 싶은 일을 지금 하게 된다. 지금 하지 않으면 내 친구처럼 다시는 하지 못할 수 있다.

제자 | 오뉴월에 서리가 올 줄 누가 알겠는가. 우리 삶은 한 치 앞을 알 수 없다. 언제 무슨 일이 나타날 줄 모른다. 제일 먼저 건강이 발목을 잡고, 사건 사고가 발목을 잡는다. 지금 하고 싶은 일을 내일로 미루면, 막상 내일이 되었을 때 건강괴 사고에 발목을 잡혀 못 할 수 있다. 경제적 상황 같은 또 다른 여건이 발목을 잡을 수도 있다.

지금의 여건이나 조건이 내일도 같으리라는 보장이 없다. 하루를 기준으로 보아도 그렇고, 한생을 기준으로 보아도 이 사실에는 변함이 없다. 오늘 할 일은 오늘 하고, 하고 싶은 일은 지금 하는 것을 삶의 원칙으로 삼으면 후회와 아쉬움이 줄어든다. 우리 삶이 유한하며, 그마저 온갖 변수로 더 짧을 수 있음을 받아들일 필요가 있다. 여행은 가슴 떨릴 때 떠나야지, 다리 떨릴 때 떠나서는 안 된다.

틀에서 자유로워야만 할까

| 틀대로 살아야 하는 일도 있다

스승 | 개성이 중요하게 여겨진 지 여러 해가 되었다. 남들이 가는 길, 남들이 정해놓은 규칙대로 사는 삶은 진부하고 매력이 없는 삶이라 여기는 세상이다. 세상의 틀을 깨고 나만의 색, 나만의 개성을 추구하는 것이 멋있게 여겨진다.

그런데 그런 개성 있는 삶이 가능해지려면 누군가는 틀을 충실히 지키는 것이 필요하다. 의사는 수술할 때 개성을 추구해서는 안 된다. 수술의 원칙과 과정이라는 틀을 충실히 지켜야 환자를 살릴 수 있다. 법률가도 틀을 지켜 사람을 재판해야 한다. 판사 개성대로 죄를 판단하고 선고해서는 안된다. 틀에서 자유로워야 하는 일과 충실해야 하는 일을 구분할 눈을 먼저 가진 후 개성을 추구하는 것이 믿음직스러운 사람의 모습이다.

제자 | 　　　　개성 있는 필체로 유명한 어느 작가의 습관은 매일 아침 일정 시간 동안 글을 쓰는 것이라고 한다. 스스로를 일정한 틀에 묶어 틀에서 가장 자유로운 글을 쓴다는 것은 아이러니한 틀의 통합이다. 또한 틀은 기본이라는 말로 바꿀 수 있다. 틀이 잡힌 후에 사유로움이 찾아온다. 틀이 마련되기 전에 자유롭고자 한다면 어지러울 뿐이다.

추상화가는 처음부터 대중들이 보기에 난해한 추상화를 그리는 사람이 아니다. 가로선과 세로선을 반듯하게 그리는 습작을 수없이 하고, 오랜 시간 사물을 있는 그대로 표현하는 연습을 거쳐, 조금씩 틀에서 자유로운 추상화를 그리기 시작해 마침내 어느 틀에도 묶이지 않는 자신만의 자유분방하고 개성 넘치는 추상화를 그리는 게 일반적인 순서다. 틀은 진부하다고 치부해 거부할, 가치 없는 것이 아니다. 세상에는 틀이 있어야 사는 직업도 있고, 틀을 잘 지켜야 다른 사람을 살리는 일도 많다. 기본 틀을 만든 후 자유로워지는 사람이 진짜 자유인이다.

의사와 판사의 공통점

| KTX와 같다

스승ㅣ　　　　　의사와 판사의 공통점은 규격화다. 규격화는 자동차가 아닌 KTX를 생각하면 쉽게 이해된다. 자동차가 갈 수 있는 길은 이 길도 있고 저 길도 있다. 반면, KTX는 정해진 철로로만 가야 하고 정해진 역에서만 서야 한다. 예외가 없다. 이것이 규격화다. 판사의 육법전서나 의사의 치료 매뉴얼은 KTX의 정해진 철로와 같다.

그런데 이 두 직업에는 공통된 치명적 결함이 있을 수 있다. 판사는 사람을 먼저 생각하지 않고 죄를 생각하기 쉽고, 의사는 사람을 먼저 생각하지 않고 병을 생각하기 쉽다는 것이다. 죄를 짓거나 병이 나는 주체는 사람이다. 그러므로 사람을 이해하지 않고 죄와 병만 바라보면 사람에게 해를 끼칠 수 있다. 죄는 사람이 짓는 것이고, 병도 사람이 앓는 것임을 판사와 의사는 마음에 잘 새겨야 한다.

제자 |　　　　　사람이 평생 가고 싶어 하지 않는 세 곳이 있다. 경찰서, 재판정 그리고 병원이다. 세 곳 모두 삶의 막다른 골목에서 가는 곳이다. 이곳에서 사람의 목숨을 좌지우지하는 직업이 판사와 의사다. 워낙 중요한 일을 하다 보니 문과에서는 법대 가기가 어렵고, 이과에서는 의대 가기가 어렵다. 그만큼 머리가 좋은 뛰어난 인재들이 가는 곳이 법대와 의대다. 그리고 그 가운데 특히 뛰어난 소수가 되는 것이 판사와 의사다.

판사와 의사에게 요구되는 두 가지 덕목은 차가운 머리와 따뜻한 가슴임을 선생님의 가르침을 통해 이해하게 된다. 법조문과 치료 방법을 정확히 이해하고 기억하는 것이 차가운 머리다. 아무리 죄인이라도 그가 사람이라는 점을 기억하고, 아무리 중병이라도 그가 사람이라는 것을 먼저 생각하는 것이 따뜻한 가슴이다. 차가운 머리와 따뜻한 가슴은 상반되는 것이 아니라 상호 보완되어야 하는 소중한 두 직업의 덕목이다.

진짜 만남이란 무엇인가

　| 준비할 필요가 없는 만남이다

스승 | 　　　　사람은 혼자 살기 어려워한다. 그래서 자기와 뜻이 통하고 마음이 맞는 사람과 만나 즐거움을 느끼고 싶어 한다. 그런데 먹고살아야 하는 현실에서는 마음이 맞는 사람보다는 내가 필요로 한 자원을 가지고 있는, 조건에 맞는 사람을 만나는 경우가 많다. 그런 만남으로 원하는 것을 얻기는 하지만, 돌아서면 가슴 한편이 허전해진다. 진짜 만남이 아닌 만남은 만나고 난 뒤 공허함을 남긴다. 사람들이 진짜 만남을 찾고 그리워하는 이유는 공허함을 참기 어렵기 때문이다.

진짜 만남은 조건 없는 만남이다. 만남을 통해 무엇을 얻으려는 만남이 아니라 만남 자체가 목적인 만남이다. 그래서 아무런 준비도 할 필요가 없다. 내가 나로 나가고, 그가 그로 오면 족한 만남이 진짜 만남이다.

제자 | 선생님께 이렇게 물어보았다. "저도 아무 준비 없이 선생님께 사는 이치를 여쭤보고, 선생님도 아무 준비 없이 대답을 해주시니 선생님과 저도 진짜 만남인 거네요." 그러자 반색하시며 선생님이 대답했다. "무슨 소리야. 내가 팔십 평생을 준비했는데." 나는 또 선생님에게 한 방 맞았구나 싶어 큰 소리로 웃고 말았다.

진짜 만남이 아무 준비 없이 만나는 것이라 하더라도, 아무렇게나 살면서 아무나 만나면 되는 게 아니었다. 나도 충실하게 살면서 또 다른 곳에서 열심히 사는 사람을 만나는 것이 필요하다는 것을 깨달았다.

그러고 보면 진짜 만남이 되기 위해 필요한 조건은 내가 먼저 진짜가 되는 일이다. 그 후에 충분한 조건은 준비할 필요가 없이 만나는 것이다. 수학의 필요충분조건이 이렇게 진짜 만남에도 요구된다는 것을 알게 된 것이 큰 수확이다.

내 눈을 믿지 마라

ㅣ 때로 남의 눈이 내 눈보다 정확하다

스승 ㅣ 여러 해 전, 제자가 라디오 방송의 고정 패널로 나오라는 제의를 받았지만 아직 능력이 부족한 것 같아 고민이라며 나에게 조언을 구했다. 나는 듣자마자 나가라고 했다. 그러면서 네 눈을 믿지 말고 PD의 눈을 믿으라고 했다. 방송국에서 그런 제안을 했다면 이미 여러 경로로 사람을 물색하고 알아보았을 것이고, 그 결과로 제안이 왔다면 일차적인 검증이 끝났다는 뜻이다. 내 말에 제자는 두말없이 라디오 방송에 나갔는데, 훗날 들으니 예상한 대로 진행을 잘했다고 한다.

제자 |　　　　　　삼십 대에 인생 질문에 답을 해주는 라디오 방송에 출연해달라는 제안을 받고 밤새 잠이 오지 않았다. 아직 어린 나이에 인생에 대해 이러쿵저러쿵 이야기한다는 것이 주제 넘는다는 생각이 들었고, 방송국에서 잘못 알고 제안을 한 게 아닌가 의구심마저 들었다. 고민을 거듭하다 선생님을 찾아뵙고 지금은 나가기에 이르지 않겠느냐고 조심스레 여쭈어보았다.

그러자 선생님은 조금의 망설임도 없이 나가야 한다고 하셨다. 그러면서 나가지 않아도 되지만, 그러면 너보다 더 못한 사람이 나가게 된다는 설명을 덧붙이셨다. 어련히 방송국에서 알아서 했겠느냐는 말씀이었다.

사람은 자신에 대해 잘 아는 것 같지만 때로는 다른 사람이 더 잘 아는 경우가 있다. 더구나 그것이 공신력 있는 기관의 평가라면 나의 능력과 잠재성에 대해 더 정확한 판단을 할 수 있다. 그럴 때는 뒤로 빼기만 할 게 아니라 그 말을 믿고 앞으로 한 발 내딛는 용기가 필요하다. 그 용기 덕분에 지금까지 여러 방송국에서 방송 진행과 고정 게스트를 할 수 있게 되었으니, 그날 선생님의 조언이 나를 살렸다.

실전 싸움이 제일이다

| 막싸움이 무술을 이긴다

스승 | 　　　경제학 교수인 내 친구는 특이하게 학생들을 가르쳤다. 자기 형편대로 돈을 내서 주식투자를 하게 했다. 가령 백만 원이 되는 학생은 백만 원을, 그 이상이 되는 학생은 더 큰 돈을 투자하게 했다. 그리고 주식이 오르거나 떨어질 때마다 그 이유를 찾아 보고서로 내게 한 후 교수와 학생들은 이를 자료로 토론 수업을 진행했다. 이것을 졸업할 때까지 계속했다. 그 결과, 학생들은 어느 대학 학생들보다 경제학에 대해 제대로 알게 되었다. 현실보다 더 나은 경제학 교재는 세상에 없다.

제자 |　　　　　　'현실보다 더 나은 경제학 교재는 세상에 없다'는 선생님의 말씀을 들으니 문득 경찰학교에서 들었던 이야기가 생각난다. 경찰학교에서는 한때 경찰들에게 태권도나 합기도 같은 정통 무술 대신 시장 양아치 중 막싸움 고수를 교관으로 섭외해 막싸움 비법을 가르친 적이 있었다. 경찰이 현장에 출동했을 때 태권도 대련을 하는 게 아니라 막싸움을 해야 하기 때문이란 게 그런 제도를 만든 이유이자 경찰학교 교장의 철학이었다. 막싸움을 배운 경찰이 현장에 배치되었을 때 검거율도 높고 부상률도 훨씬 낮았다.

선생님 친구 분이 학생들에게 주식을 실제로 투자하게 하고 분석하게 한 방법이나 막싸움을 가르친 경찰학교 수업의 공통점은 둘 다 실전으로 현실을 가르치고 있다는 것이다. 실전 공부가 이론 공부보다 나은 경우가 훨씬 더 많다.

그럼에도 불구하고 대학에서 이론을 가르치는 이유는 실전을 경험한 교수가 적기 때문이다. 대부분 이론만 공부하다 박사가 되고 교수가 되다 보니, 정작 현실이나 실전에 대해서는 '그러겠거니' 예측할 뿐 잘 모르는 것이다. 학위 위주로 교수를 선발하는 우리나라에서 손해 보는 건 결국 학생들인 듯해 마음이 아프다.

정답 사회와 다답 사회

| 답이 하나인 사회는
  앞으로 나아가지 못한다

스승 | 　　　　사람의 일생에서 어릴 때 하는 이야기가 가장 창의적이다. 그것을 사회 규격에 맞추어 살게 하려고 하다 보니, 이것 자르고 저것 자르면서 자꾸 다듬는다. 그 과정에서 창의성이 없어진다.

창의성이 없어진다는 것은 다양성이 사라진다는 의미다. 다양성이 사라진 자리에 남는 것은 결국 단일성이다. 그런 단일성을 우리는 정답이라 부르며 높은 가치를 부여한다. 그 결과, 누군가 정답과 다른 이야기를 꺼내면 환영하기는커녕 심리적 돌팔매를 던지며 비난하고 왕따를 시킨다. 이런 사회에서는 창조력이 생길 수 없다. 창조력이 없는 사회는 계속 달리던 길만 가는 악순환이 반복되고, 새로운 길로 나아

210

가 새로운 발전을 이루는 역사가 이루어지지 않는다. 슬픈 사회다.

제자 | 하늘에서 완전한 존재인 아이가 불완전한 존재인 부모에게 온다. 불완전한 존재인 부모는 이제 완전한 존재인 아이를 불완전하게 만들기 위해 완전한 노력을 기울인다. 마침내 완전한 존재가 불완전하게 되면, 부모는 환호하며 드디어 아이가 우리의 노력으로 완선하게 되었다며 좋아한다. 이것이 오늘날 우리 사회에서 사회로 대표되는 부모가 자식들에게 기울이는 노력의 핵심이다.

왕따와 학교폭력이 일어나는 근본적 배경의 핵심은 오직 하나의 답을 정해 기억하게 하고 다른 것을 이상하게 여기고 재수 없다며 혐오하는 사회 분위기에 있다. 정답 사회는 다답 사회로 변화해야 한다. 사회의 성장과 발전은 다양한 답과 창조적인 대안이 있어야 가능하다. 인도에서는 수학조차 객관식이 아닌 주관식으로 질문을 던진다. 그 결과, 인도인이 실리콘밸리의 다수 연구원이 되고 있다고 한다. 자신만의 답을 자유롭게 생각해 표현하고, 이를 존중하는 사회의 분위기가 부럽다.

예상하지 못한 일

> | 상담 초보가 상담 전문가를
> 깎아내리다

스승 | 나는 칠십 대 중반에 고려사이버대학교 문화학과에 입학했다. 교양과목이 필요해 내 제자가 가르치는 '상담의 기초'라는 과목을 신청했다. 다른 과목은 성적이 모두 A나 A$^+$였는데 오직 한 과목, 제자가 가르친 과목은 B가 나왔다. 4년간 성적 가운데 B를 받은 건 그 과목이 유일했다. B가 나온 이유는 간단했다. 제자가 생각하는 상담에 대한 생각과 내가 생각하는 상담에 대한 생각이 달랐기 때문이다.

다른 과목들은 내가 처음 접하기 때문에 배운 그대로를 답으로 체크했다. 그러나 상담은 내가 평생을 해온 것이기에 내 생각대로 답을 체크했다. 그 결과, 상담 과목은 여지없이 내 답을 다른 것이 아닌 틀린 것으로 채점했다. 평생 상담을 하던 나도 나에게 상담을 배우는 제자에게 틀렸다는 평가를 받고 낮은 학점을 받을 수 있는 것이 우리나라 시험의 현주소다. 다른 것을 틀리게 평가하는 것이 어떤 결과를 가져오는지 몸으로 체감한 흥미로운 경험이었다.

제자ㅣ　　　　　내가 맡은 '상담의 기초'라는 과목에 선생님이 학생으로 신청될 거라고는 꿈에도 생각하지 못했다. 수강생 목록에서 선생님 이름 세 글자를 확인하고 깜짝 놀랐다. 중간고사와 기말고사는 모두 객관식 문제였다. 이렇게도 생각할 수 있고 저렇게도 생각할 수 있지만, 내가 수업 시간에 이렇다고 말한 문제들을 이리저리 꼬고 비틀어 객관식 문제로 제출했다. 선생님이 체크한 답을 하나씩 보았더니 출제자인 나의 생각보다 훨씬 깊고 지혜로운 것이었다. 나는 선생님의 오답을 보면서 상담의 세계를 더 깊이 이해할 수 있었다.

그러나 채점 기계의 판정은 B학점이었다. 내 학점만 아니었다면 전체 수석졸업을 했을 것이라는 선생님의 농담을 들으며 당혹감과 죄송함 그리고 슬픔이 몰려왔다.

틈새 파고들기

| 생활 습관을 고치면 정신병도 낫는다

스승 |　　　정신병은 생활 습관이 잘못되어 생긴 병이다. 따라서 생활 습관을 다르게 만들어주면 정신병도 고칠 수 있다. 생활 습관이란 지금 나를 둘러싸고 있는 환경에 나만의 방식으로 적응을 해서 생기는 패턴이다.

이 병에는 어떤 약을 쓰고 그 과정이 어떻게 된다는 것은 교과서적으로 이해하고 처방해야 하지만, 어떻게 환자를 낫게 할 것인가는 교과서를 벗어난 영역이다. 이때 필요한 것이 의사의 창의성이다. 창의성은 하늘에서 뚝 떨어지는 것이 아니다. 환자의 생활 습관을 잘 살펴보면 틈새가 보인다. 틈새를 파고들어 작게라도 새로운 길을 열어주는 것이 창조요, 창의성이다.

제자 |　　　　　집에서 도무지 나오지를 않고 사회적으로 고립된 청년 환자가 있었다. 선생님은 청년을 병원으로 오게 한 뒤, 병원이 있던 동대문에서 명동 서울중앙우체국까지 다녀오는 심부름 숙제를 냈다. 돈 만 원을 주면서 기념우표를 사오라고 했다. 배가 고프면 자장면도 한 그릇 사 먹으라고 했다. 의사 선생님이 내는 숙제니 청년은 할 수밖에 없었다. 기념 우표를 사려니 창구 직원에게 이야기를 해야 했고, 자장면도 시키려면 중국집 점원에게 말을 걸어야 했다. 이 과정에서 청년의 증세가 소금씩 좋아졌다. 집에만 있던 생활 습관이 변화하도록 한 것이다.

힘보다 꾀를 쓰라고 한다. 곰보다는 여우가 되라고 한다. 두 조언 모두 사람을 변화시킬 때 필요한 힘을 말하는 것이다. 습관을 바꾸라고 말할 것이 아니라 선생님처럼 상대의 습관을 잘 관찰해 파고들어 갈 곳을 발견하고, 가장 작고 손쉬운 것부터 바꾸어나가도록 하면 된다. 그럴 때 사람은 서서히 변하는 존재다. 원리를 알면 나도 남도 바꿀 수 있다.

천당은 재미없다

| 선과 악이 공존하는
이 세상이 재미있다

스승 | 사람들은 죽어 천당에 가고 싶어 한다. 그런데 착한 사람만 간다는 천당이 재미있을까. 왠지 천당은 재미가 없을 것 같다. 재미는 선과 악이 교차하는 현실에 있는 것이지, 선만 있거나 악만 있는 곳에는 존재하지 않는다. 그래서 심심한 천국과 재미있는 지옥이란 말이 나왔다. 내가《죽을 때까지 재미있게 살고 싶다》는 책에서 한 이야기도 결국 재미있는 지옥에서 재미를 찾아 살고 싶다는 소망을 담은 것이었다. 천당에 가기 위해 착하게 살아야 한다거나 악하게 살면 지옥에 간다는 이야기는 사람들이 지어낸 허구일 수 있다.

나는 착하거나 악하게 사는 것을 기준으로 보는 삶보다 즐겁게 사느냐 괴롭게 사느냐를 기준으로 사는 것이 낫다고 생각한다. 즐겁게 살려고 하니 선하게 살게 되더라는 결론이 더 자연스럽고 인간적이다.

제자 | 마음이 즐거우면 천당이고 괴로우면 지옥이다. 천당과 지옥은 꼭 죽어서 가는 곳이 아니라 날마다 일상에서 오가는 곳이다. 누구나 천당에 가고 싶어 한다고 생각하면 마음을 즐겁게 하는 방법이 궁금해진다.

마음을 즐겁게 하는 방법은 사람 수만큼 많을 테지만 척하지 않는 것이 기본일 것 같다. 자신이 느끼는 감정과 욕구에 솔직하면 억제하거나 위장하는 것이 없으므로 마음이 편하고 가벼워진다. 싫으면서 좋은 척하거나 반대로 할 경우 마음은 불편하고 무거워진다. 척하지 않고 다른 사람의 마음이 상하지 않게 표현할 수 있다면 날마다 천당에서 살 수 있다. 그렇다면 우리가 평생 해야 할 일은 나의 욕구와 감정을 알아차리고, 솔직하고 누구에게도 상처 되지 않게 표현하는 방법을 배우는 것이다.

고통을 먹고 자라는 나무

| 고통 없이 지혜가 생기지 않는다

스승 | 아파 보면, 고통이란 누가 위로해도 위로가 되지 않는다는 것을 알게 된다. 고통은 상상으로 알 수 없으며 철저히 고통스러운 사람의 몫이다. 고통은 개인적이고 견딜 수 없는 아픔이기에 고통스러운 사람은 한시라도 빨리 그것에서 벗어나고 싶어 한다. 이때 한시라도 빨리 벗어나려고 하는 충동과 의지에서 스며 나오는 것이 지혜다. 지혜란 고통스러운 상황, 어려운 상황에서 가장 적합하고 적절한 방법을 찾아내는 능력이기 때문이다.

고통스러운 상황이 지나고 나서 내가 어떻게 해서 고통을 벗어났을까를 곰곰이 생각해보면 벗어난 그 방법이 바로 지혜였음을 알게 된다. 만약 덜 고통스러웠다면 그런 방법을 발견하지 못했을 것이다. 그런 의미에서 지혜는 고통을 먹고 자라는 나무다.

제자 | 　　　　　　유명한 도둑을 아버지로 둔 아들이 자신도 도둑이 되고 싶어 아버지를 졸랐다. 한 번만 아버지를 따라 도둑질하는 데 같이 가보자는 것이었다. 성화에 못 이겨 아들을 데리고 담을 넘어 들어간 아버지는 "도둑이야!" 소리를 지르고는 담을 넘어 도망을 갔다. 혼자 남은 아들은 머리가 하얘졌다. 아버지에 대한 배신감을 느끼기에는 너무나 절박했기에 살아날 궁리를 할 수밖에 없었다. 아들은 돌을 던져 그 집의 큰 항아리를 깼다. 사람들의 시선이 그쪽으로 쏠리는 순간 후다닥 도망을 쳤다. 뒤따라온 사람들이 무슨 소리가 들렸다고 하자, '찍찍' 쥐 소리를 내어 쥐인 척했다. 죽을힘을 다해 도망을 나온 아들이 아버지를 보고 원망하자, 아버지는 웃으며 말했다. "이제 너도 도둑이 될 방법을 터득했구나." 큰 도둑인 아버지는 일부러 아들을 고통에 빠트려 도둑에게 필요한 지혜를 터득하게 한 것이다. 고통은 우리를 간절하게 하고, 간절함 끝에 각자의 지혜가 나온다. 고통도 잘 활용하면 지혜의 거름이 된다.

통하면 예술

| 통했느냐

스승 | 나는 등단하지 않았지만 지금 시인이다. 젊은 시절에는 시도 여러 편 쓰고, 문학동인회 활동도 했다. 돌아보면 그때는 시를 썼지만 시인이 아니었다. 학창시절에 열심히 시를 써서 시인인 국어 선생님에게 보여드렸다. 다음 날 선생님이 나를 부르더니 물었다. "너 이게 무슨 말이냐?" 내 감정에 매몰되어 마음대로 언어를 나열했을 뿐 국어 선생님조차 알아듣지 못하는 미사여구를 쓴 것은 시가 아니라는 것을 한참 뒤에 깨달았다.

다른 사람들이 알아듣고 아름다움을 느끼고 뜻이 통해야 시다. 음악도, 미술도 다른 모든 분야도 마찬가지다. 나의 감정과 생각에만 빠져 표현하고 사람들과 통하지 않는다면 예

술이 아니라 나의 취기에 불과하다. 통하는 것이 예술의 에
센스다.

나는 요즘 마음의 어려움을 겪거나 힘들어하는 사람에게 짧
게 한마디씩 해주는데, 용하다는 소리를 듣곤 한다. 속마음
을 잘 헤아려준다는 뜻이다. 그래서 나는 시를 쓰지 않지만
비로소 이제야 시인이라는 생각을 하며 지내고 있다.

제자 | 　　　　　　똑같은 현상도 보는 사람의 시선에 따라
전혀 다른 현상이 된다. 예술은 아름다운 것을 구현해내는
것이라고만 생각하던 나에게 '통하면 예술'이라는 선생님
의 이야기는 예술을 전혀 다른 시각으로 보게 만든다.

몇 해 전부터 나는 갤러리에서 화가와 토크 콘서트를 하고
있다. 화가의 작품에 대한 설명을 그의 입을 통해 듣고, 궁
금한 것을 묻고 답하며 관객과 소통하는 자리다. 흥미롭게
만 생각하고 기획한 토크 콘서트가 어떤 의미를 가지고 있
는지 통하면 예술이란 말을 통해 확인하게 되어 기쁘다. 통
하는 것을 더 잘 통하게 하는 예술 콘서트였다.

제대로 된 공부

| 자신이 공부의 주인공이 되어야 한다

몇 해 전 텔레비전에서 이동국 전 축구선수가 여러 자녀를 키우는 걸 보고 감동받았다. 중학교까지만 의무교육을 시키고 홈스쿨링 하는 것이 신선했다. 그 이유에 대해 이동국 선수는 기본적인 교육은 필수적으로 받지만 중학교 이후부터는 아이가 좋아하고 잘하는 것을 찾는 것이 제대로 된 공부라고 했다. 나는 이 말에 감동받았다.

모든 아이가 똑같은 공부를 잘해야 한다는 것은 억지다. 대학생인 손녀가 한번은 나에게 왜 어려운 수학을 모두가 배워야 하느냐고 항변했다. 가게에 가서 돈을 내고 거스름돈을 받아 올 정도만 배워도 될 수학을 어렵게 모두 공부하는 이유를 알 수가 없다는 게 손녀의 말이었다. 나는 지금까지도 그 물음에 시원한 대답을 하지 못했다. 아이들이 잘하고 좋아하는 것이 공부가 되도록 하는 것이 진짜 제대로 된 공부가 아닐까.

제자 | 내가 하는 상담심리학 대학원 수업에는 교재가 없다. 대신 각자의 인생에서 경험하는 마음의 어려움이 교재다. 책으로 된 교재가 없는 수업에 어리둥절하던 학생들은 한 주, 두 주가 시나면서 설렌 마음으로 수업 시간을 기다리게 되었다. 외우지 않으니 생각하게 되었고, 남의 삶이 아니라 내 삶을 돌아보게 되니 공부가 생생해지고 윤기가 났다.

권위 있는 학자의 이론이나 학설은 학생들 삶의 어려움을 풀어나가는 과정에서 자연스럽게 스며 나왔다. 교과서가 주인이 되지 않고 나 자신이 주인이 되는 공부에서 학생들은 희열을 느꼈다. 수업 시간은 늘 쏜살같이 지나갔다. 내가 빠진 공부에서 내가 주체인 공부가 주는 힘은 활력이 넘쳤다. 이동국 선수의 자녀 교육이 빛나는 이유는 자녀들이 하나같이 자신이 공부의 주인공이 되었기 때문이다. 우리나라에서 좀처럼 생각하기 힘든 앞선 생각을 가진 부모다.

상담은 우리나라에 없었는가

│ 할머니가 상담가였다

스승 │　　　　'상담' 하면 서양에서 들여온 학문이라고 생각한다. 그러나 상담이 마음이 어려운 사람의 이야기를 들어주고 마음을 편하고 당당하게 만들어주는 일이란 걸 생각하면 오래전부터 우리나라에도 상담이 있었음을 알게 된다.

가장 좋은 상담자는 어린 시절 우리 마음을 헤아리고 다독이고 힘을 주던 할머니였다. 할머니가 우리나라 상담의 원조인 이유는 먼저 인생 경험이 많기 때문이다. 남의 사정을 헤아리기 위해서는 무엇보다 들어주는 사람이 삶의 경험이 풍부해야 한다. 할머니는 산전수전 다 겪어 어지간한 사연은 다 알고 있다. 다음으로 오래도록 할머니는 억압받았다.

고통받고 억압받은 삶을 산 사람이 상담도 잘한다. 그런 고통 속에서 어떻게 살아남아야 하는지 방법을 아는 것이 지혜인데, 할머니에게는 지혜가 많다. 체계적으로 할머니를 이론화했다면 상담도 우리나라의 학문이었을 것이다.

제자 | 상담을 30년 가까이 하면서 깨달은 것은 상담은 특별한 이론이나 기술이 아니라는 사실이다. 상담은 철저히 지혜학이있다. 지혜란 곤란한 상황에 어떻게 하는 것이 가장 적절한 해결법인지를 아는 것이다. 인생에 대해 깊이 알수록, 원리를 제대로 알수록 상담을 잘할 수 있다. 그래서 상담은 누구나 할 수 있는 것이면서 아무나 할 수 없는 것이기도 하다. 지혜가 필요하기 때문이다.

인생 경험을 통해 자연스럽게 지혜를 가지게 된 할머니와 체계적인 교육을 통해 지혜를 스며들게 하는 서양에서 도입된 상담학은 이란성 쌍둥이다. 자연적인 지혜와 인위적인 지혜의 차이라고 할까. 그래도 나는 왠지 자연스러운 할머니에게 더 정이 간다. 자연 발효된 장이 인위적으로 발효시킨 장보다 더 구수한 법이니까.

8 • 행복

삶의
주인이 되기
위하여

우리는 왜 사는 게 즐겁지 않을까

| 사는 것 자체가 고통스러운 것이다

스승 | 살기 위해서는 뭐라도 해야 한다. 그래서 숨 쉬는 것 빼고는 다 고통스럽다. 바로 그 이유 때문에 우리는 즐겁게 살려는 마음을 내야 한다. 이렇게 살아도 한생이고 저렇게 살아도 한생이라면 즐겁게 사는 것이 고통스럽게 사는 것보다 낫기 때문이다.

신기한 것은 살면서 지금 내가 당하는 이 고통을 기쁨으로 전환시킬 방법은 없을까 고민하는 과정에서 즐거움이 생겨난다는 것이다. 우리 삶은 즐겁기 때문에 즐거운 것이 아니라 고통이 있기 때문에 즐거운 것이다. 고통이 없으면 즐거움도 존재하지 않는다.

올림픽 양궁에서 금메달을 싹쓸이하는 장면을 보면 눈물이 난다. 고생 끝에 낙이 온다. 즐거움의 크기는 묘하게 그동안 감수한 고통의 크기와 비례하는 것을 올림픽 금메달을 목에 거는 선수들의 감개무량한 표정을 보며 알게 된다.

삶의 즐거움이 고통과 비례한다는 것을 이해하고 밤하늘을 쳐다본다. 깜깜한 어둠이 있어서 별이 더 빛난다. 밤하늘에 어둠은 없고 별들만 반짝인다면, 별이 얼마나 빛나는지 알 수 없다. 칠흑 같은 어둠이 있기 때문에 별의 존재가 부각되고 빛나는 것이다.

'우리 삶이 왜 즐겁지 않을까'라는 질문이 잘못되었다. '우리 삶이 왜 고통스럽지 않을까'가 제대로 된 질문이다. 고통은 자연적이며 즐거움은 인위적이다. 고통을 피하고 극복하려는 과정에서 부산물로 나오는 것이 기쁨과 즐거움과 보람이다. 그리고 그렇게 애쓰고 노력하는 과정이 길고 힘들수록 나오는 즐거움이 더 커진다. 세상에 공짜는 없다. 즐거움도 공짜가 아니다. 즐거움은 고통의 자식이다.

내 분수를 아는 방법

| 첫 단추를 잘 끼우면 된다

스승 |　　　　　분수를 알고 살아야 한다는 말을 어릴 때
부터 많이 듣고 자랐다. 그런데 분수를 알고 살기 위해 어
떻게 해야 할 것인가에 대해서는 가르쳐주는 사람을 만나
지 못했다. 의사가 되고 응급실에서 근무를 하다 보니 어렴
풋이 분수를 안다는 것이 무엇인지 이해하게 되었다. 응급
실에서는 응급 환자가 오면 반드시 묻는 것이 있다. "여기
가 어디예요?", "지금이 언제예요", "제가 누구예요?" 바
로 이 세 가지다. 여기가 어디이고, 지금이 어느 때이고, 주
변 사람이 누구인지를 알기만 하면 살아 있는 것이고 온전
한 것이며 분수를 아는 것이다. 이것이 분수를 아는 첫 단추
인 것을 깨달았다.

그런데 이 세 질문에 답하는 게 깊이 생각할수록 쉬운 일이 아니다. 지금도 나는 가끔 나에게 묻는다. 여기가 어디인지, 지금이 어느 때인지, 내 주변에 누가 있는지. 그리고 퍼뜩 내 분수를 깨닫는다.

제자 |　　　　　분수를 안다는 것은 나와 내 주변에 대해 왜곡 없이 있는 그대로 안다는 뜻이다. 그러려면 어린 시절 부터 그렇게 보고 듣는 습관이 되어 있어야 한다. 이것을 방해하는 사람이 부모다. 부모가 자녀에 대해 있는 그대로 보고 말해주면 좋겠지만, 대부분 부모는 자녀를 너무 대단하게 생각하거나 너무 형편없게 생각하곤 한다. 이로 인해 아이는 자신의 정확한 모습을 알지 못한 채 자랄 수 있다.

별 능력도 없는 아이가 부모 말만 믿고 자신이 대단한 줄 알거나, 비범한 아이가 무지한 부모의 말을 듣고 자신이 형편없다고 오해할 수 있다. 그러고 보면 본대로 보고 들은 대로 말하는 부모를 만나는 것은 자기 분수를 아는 첫걸음이다.

상담을 업으로 하다 보니 이래도 부모, 저래도 부모, 부모의 책임이 너무 많다. 이럴 줄 알았다면 제대로 공부하고 부모가 되었어야 할 걸 그랬다. 지금부터라도 정신 바싹 차려야겠다.

내가 한 것이 아무것도 없다

| 인생은 찰나다

스승 |　　　　　젊은 시절에 원로 선배나 나이가 지긋한 어른들이 자주 하는 소리를 모아서 공통점을 분석해본 적이 있다. 그리고 그것을 공식화했다. 그분들이 가장 많이 하는 말은 "내가 한 것이 아무것도 없다"였다. 나로서는 이해되지 않는 소리였다. 내가 아는 그분들은 수많은 강연과 저술로 사람들의 존경을 독차지하던 대단한 분들이었기 때문이다. 그런데 정작 아무것도 이루어놓은 것이 없다며 우울증에 빠지는 경우가 많았다. 나는 이것을 노인이 되면 누구나 빠지는 블랙홀이라고 공식화했다.

어느 날 작심하고 존경하는 선배님에게 왜 이룬 것이 많은데 아무것도 한 것이 없다고 하시느냐고 물어보았다. 그러자 "지나고 보니 모든 것이 찰나요 한순간이더라"라는 답이 돌아왔다. 그 말을 듣고 나는 깊은 생각에 잠겼다. 모든 것이 찰나요 한순간이라면, 그 찰나와 한순간을 미리 알고 찰나마다 조금이라도 즐겁게 살면 되지 않겠는가. 그런 깨달음을 얻고 마음에 새겼다.

지금 내 나이는 그때 그분들의 나이를 넘어서 블랙홀 언저리에 있다. 블랙홀에 빠지려 할 때마다 나는 나에게 다짐한다. 이 찰나를 재미있게 살자. 그러면서 하루하루를 재미나게 살려고 애쓰고 있다.

제자 ㅣ   어르신들이 이루어놓은 것이 하나도 없다면, 나는 아직 시작한 것이 아무것도 없다. 시작한 것이 아무것도 없으니 당연히 이루어놓은 것이 있을 리 없다. 그렇다면 나도 찰나마다 시작해야겠다. 그것도 즐겁게 해야겠다. 인생이 찰나라는 것을 나중에 깨달을 게 아니라 지금 안다면 지금부터 더 즐겁고 재미난 인생이 될 것 같다.

사계절이 하루에

| 하루는 인생의 축소판이다

스승 | 네팔의 하루에는 봄, 여름, 가을, 겨울이 다 있다. 아침은 따스하다. 봄이다. 낮은 덥다. 여름이다. 저녁은 쌀쌀하다. 가을이다. 밤은 춥다. 겨울이다. 그래서 네팔 사람들은 커다란 수건 같은 솔을 많이 걸치고 있다. 계절에 맞춰 솔을 벗기도 하고 걸치기도 한다.

사람의 하루에도 봄, 여름, 가을, 겨울이 다 있다. 기분이 포근해지면 봄이다. 뜨거운 열정이 생기면 여름이다. 쓸쓸한 기분이 들면 가을이다. 서운하고 슬퍼 마음이 차가워지면 겨울이다. 이런 사계절을 잘 보내기 위해 걸치는 마음의 솔을 우리는 자아 방어 기제라 부른다. 이럴 때는 이런 솔을, 저럴 때는 저런 솔을 쓴다. 덥지도 않은데 솔을 벗거나 춥지도 않은데 솔을 걸치면 이상한 사람이 되고 만다. 건강한 정신이란 결국 마음 날씨에 맞는 솔을 걸치는 능력이다.

.

제자 | 우리나라 사람들이 제일 많이 입는 솔은 무엇일까. 그것은 참는 것, 즉 억제라는 것이 선생님의 진단이다. 나를 방어하기 위해 나에게 마음에 들지 않는 일이 생겨도, 압력이 가해져도 참는 게 오랜 세월 우리나라 사람들에게 익숙해져왔다.

참는 것을 조금 더 들어가 생각해보면 자발적으로 참는 것보다는 어쩔 수 없어서 참는 것이 문제가 된다. 화가 나서 자기 집에 불을 지르는 경우는 다른 나라에는 잘 없는 현상이다. 이것은 참을 수밖에 없는 외부의 강한 힘에 내가 할 수 있는 유일한 화풀이가 내 마음대로 할 수 있는 내 집에 불을 내는 것이다. 하루에도 몇 번씩 봄, 여름, 가을 그리고 겨울의 기운이 오는 것은 어쩔 수 없더라도 적당한 마음의 솔을 걸치는 것은 내가 선택할 수 있다. 주로 걸치는 솔에 의해 삶의 질이 결정된다.

외로움을 없애는 방법

| 외롭지 않은 척하지 않으면 된다

스승 | 사람은 누구나 외로움을 느낀다. 자꾸 사람들을 만나는 까닭은 외롭기 때문이다. 잠시도 혼자 있으려 하지 않고 사람들을 만나려고 하는 사람일수록 사실은 외로움을 더 많이 느끼는 사람이다. 자기가 만나던 사람 수에서 한 사람이라도 줄어들면 외로움을 더 많이 느낀다. 그런 사람은 지금 만나는 사람보다 늘 더 많은 사람을 만나야 외롭지 않다. 그러나 그건 불가능한 일이다. 그 사람은 자기가 만나는 많은 사람이 자기를 사랑하고 인정한다고 생각한다. 그러다 어떤 계기로 사람들이 자신을 떠나 혼자 남으면 커다란 공허감을 느끼게 된다.

삶이란 내가 사는 것이지 그 사람이 사는 게 아니다. 그 사람들이 나를 칭찬한다고 내가 하늘로 솟는가. 나를 무시한다고 내가 땅으로 꺼지는가. 사람은 원천적으로 외로운 존재다. 그것을 사람으로 메우려 해도 소용이 없다.

제자 | 외로움은 혼자라서 생기는 감정이 아니라 혼자일 수 없어서 생기는 감정이다. 혼자 있을 수 있는 사람은 다른 사람과도 있을 수 있지만, 다른 사람과 있어야만 하는 사람은 혼자 있을 수 없다. 외로움은 인간으로 태어난 이상 누구나 짊어져야 하는 숙명이다. 혼자이기에 외로운 것이다. 피할 수 없는 것이라면 인정하는 수밖에 없다.
그렇다. 외로움은 나의 숙명이요 운명이다. 그러니 어쩌겠는가. 외로움과 좋은 친구가 될 수밖에 없지 않겠는가. 이런 마음을 먹으면 외로움도 견딜 만한 감정이 된다. 더구나 나만 외로운 게 아니기에 다행이다. 외롭지 않은 척하지 말고 살아야겠다.

똑똑해야 행복할까

｜똑똑하면 머리만 복잡해진다

스승 ｜ 언젠가 뉴스를 보니 평생 일만 해서 빌딩을 가지고 있는 노부부가 전 재산을 대학교에 기증했다고 한다. 왜 기증을 했냐고 물었더니, 나같이 못 배운 사람들을 위해 좋은 일을 하는 곳에 돈을 주고 싶어서라고 했다. 그리고 이 부부는 돈 없이 고생해보았기 때문에 빌딩의 세를 한 번도 올린 적이 없다고 했다. 나는 기사를 접하면서 만약 이분들이 많이 배우고 똑똑한 사람이었다면 이처럼 흔쾌히 기부를 하고, 한 푼도 세를 올려받지 않았을까 상상해보았다. 모르긴 해도 쉽지 않았을 것이다.

옛말에 '큰 지혜는 어리석음과 같다'라는 말이 있다. 행복하게 사는 조건은 똑똑함보다는 단순함이 오히려 낫다. 똑똑한 것과 행복은 그리 큰 상관이 없다는 게 평생 살아온 내 경험이다.

제자 ㅣ 어린아이를 둔 우리나라 부모들이 듣고 싶어 하는 소리가 하나 있다. "아이가 참 똑똑하게 생겼네요" 하는 소리다. 여기서 한 발 더 나가 "아이가 공부를 참 잘하게 생겼어요"라는 소리를 들으면 더 기분이 좋아진다. 이것은 똑똑해야 공부를 잘하고, 공부를 잘해야 좋은 학교에 가고, 좋은 곳에 취직해야 행복하게 살 수 있을 것이라는 암묵적인 가정을 하고 있기 때문이다. 그런데 정말 똑똑하면 행복하게 살 수 있을까?

지식과 지혜는 다르다. 지식은 밖에서 안으로 들어가는 것이지만 지혜는 안에서 밖으로 나오는 것이다. 밖에서 안으로 들어가는 지식으로는 행복을 얻기 어렵다. 반대로 안에서 밖으로 나오는 지혜는 행복을 얻는 좋은 약이다. 이리저리 머리를 굴려 명분과 실리를 다 취하려는 똑똑한 지식보다는 단순해 보여도 우직하고 정직한 지혜가 행복을 가져오는 법이다. 행복은 순수하고 단순한 사람을 더 좋아하는 것 같다.

그릇의 크기

| 평생 키우다 가는 게 인생이다

스승 | 사람들은 다른 사람을 보고 그릇이 크다느니 작다느니 이야기하기를 좋아한다. 사실 그 사람의 그릇 크기가 얼마나 크고 작은지는 말하는 사람도 모르고, 듣는 당사자도 모른다.

그릇의 크기를 모르기 때문에 나의 그릇은 커질 수도 있고, 작아질 수도 있다. 내 그릇이 지금 크지 않은데 다른 사람이 자꾸만 크다고 이야기하면 나도 모르게 거기에 부합하게 내 그릇을 키우려고 노력하게 된다. 크다니 정말 큰 줄 알고 큰 척 말하고 행동한다. 그런 과정에서 실제로 그릇이 커지게 된다. 반대로 내가 스스로 그릇이 크다고 여겨 내 그릇을 키울 수도 있다. 어느 경우이든 원래의 그릇 크기가 중요한 게

아니라 내가 남이나 내 영향을 받아 키우려고 노력하는 것
이 중요하다.

제자 ┃   '객관적으로 말해서'라는 말을 입에 달
고 사는 사람이 있다. 그 말을 들으면 어쩐지 어색하고 거북
하다. 객관적으로 말하기는 어렵기 때문이다. 다 주관적으
로 말하는 것이다. 마찬가지로 사람의 그릇 크기도 객관적
으로 정해져 있는 것이 아니라 주관적인 크기만 있는 게 아
닐까. 사람의 그릇은 쇠로 만들어진 것이 아니라 물을 많이
부으면 늘어나고 적게 부으면 줄어드는 고무로 만들어진 것
이라 생각하면 좋겠다.

크다고 해주면 커지려고 노력하고, 작다고 하면 움츠러드
는 고무 그릇이 사람이 가진 그릇 크기라고 받아들이면, 내
그릇 크기가 어느 만한가에 관심을 가지기보다 어떻게 키울
것인가에 더 많은 관심을 가지고 애쓰게 될 것이다. 그릇으
로 말하자면 평생 키우다 가는 게 우리 인생이다. 고무 그릇
은 채우기 나름이다.

시간은 먹는 것이디

| 기왕이면 재미있게 먹자

스승 | 우리가 음식을 먹는 것 같지만 사실은 시간을 먹는 것이다. 음식을 만들기까지 걸린 시간을 먹기 때문이다. 시간을 먹는 법은 두 가지다. 맛없게 먹는 것과 맛있게 먹는 것이다. 맛없게 먹는 것은 흘러가는 시간을 그냥 먹기 때문이다. 흘러가는 시간에 의미를 둔다면 맛있게 먹을 수 있다.

나이가 드니 가장 자주 느끼는 감정이 초조감이다. 젊어 느리게만 가던 시간이 요즘은 너무 빨리 가니 떠날 날도 가까워진다는 생각에 초조한 마음이 든다. 어느 날, 어차피 초조한 마음을 없앨 수 없다면 시간을 맛있게 먹고 싶다는 생각이 들었다. 그 방법은 책을 쓰는 것이었다. 나는 요즘 어느 때보다 책을 많이 내고 있다. 떠나기 전 한 권이라도 더 책을 내고 싶어서다. 생각을 가다듬고 정리해 활자화하는 순간마다 시간이 맛있게 느껴진다. 초조함이 내게 준 선물이다.

제자ㅣ   선생님이 한 해 몇 권씩 책을 출간할 때마다 놀라움을 넘어 경이로웠다. 어떤 힘이 선생님께 젊은 사람도 흉내 내지 못하게 많은 책을 내도록 할까 궁금했다. 그 힘이 초조함이라니 예상하지 못한 이유였다.

초조함이 성급함을 만나면 우울이 되지만, 신중함을 만나면 책이 된다. 어떤 감정도 의미를 잘 부여한다면 세상에 나쁜 감정은 없을 것 같다. 감정도 사람이 어떻게 하냐에 따라 쓸모 있고 세상에 도움이 될 수 있음을 이해하게 된다. 특히 부정적 감정이라 생각되는 감정일수록 좋은 의미를 부여하면 역전의 여왕이 된다. 물리적으로 같은 시간을 살면서도 어떤 의미를 부여하느냐에 따라 맛있는 시간이 되기도 하고 맛없는 시간이 되기도 한다. 맛난 시간을 많이 먹고 싶다.

굶어 죽으면서까지 봉사해야 할까

| 내 앞가림은 해야 한다

스승 | 조선 말에 우리나라에 온 최초의 간호사는 조선의 가난한 아이들과 사람들을 위해 평생 헌신하는 삶을 살았다. 아이들도 십여 명 입양해 제 자식처럼 키웠다. 기록에 의하면 이 간호사가 죽었을 때 원인이 영양실조였다. 사망 원인이 영양실조였다는 사실에 나는 적잖은 충격을 받았다.

희생과 봉사도 한계가 있는 게 아닐까. 이분이 최소한 자기 목숨은 유지할 정도로 앞가림을 하면서 살았더라면 조금 더 많은 조선의 힘든 사람들을 도울 수 있지 않았을까. 그런 아쉬운 마음이 들었다. 숭고한 희생도 자기의 건강이 있을 때 가능하다.

제자 ǀ　　　　　　내가 소장으로 있었던 대학 연구소는 '남을 돌보는 나는 누가 돌보나 연구소'였다. 연구소 정식 명칭은 한국케어기빙연구소였는데, 핵심은 '나를 잘 돌보는 사람이 남도 잘 돌볼 수 있다'였다. 연구소에서는 남을 돌보는 사람을 어떻게 돌볼 것인가에 대한 연구만을 수행했다. 대표 프로그램이 'Caring for me, Caring for you'였다. '나를 돌보고 남도 돌보자'로 번역되는 이 문구로 복지를 실천하는 내 삶이 바뀌었다.

이전에는 내가 아무리 힘들어도 고통받는 사람들을 위해 내 모든 것을 바쳐야겠다고 생각했다. 그리고 이런 생각을 하는 내가 참 훌륭한 사람이라고 생각했다. 그런데 그런 생각으로 사는 삶은 갈수록 힘들고 지쳐갔다. 이유는 하나였다. 나를 방치했기 때문이다.

남을 돕는 삶은 100미터 달리기가 아니라 마라톤이다. 내가 뛰다가 지치면 아무것도 할 수 없다. 다른 사람을 위해서라도 내가 나를 챙기고 위해야 한다. 건강한 나라야 건강하게 남을 도울 수 있다. 나를 살려 남을 살리는 것이 가장 건강한 봉사다.

내 삶을 모아 태우면 어떤 향이 날까

│ 삶은 순간이 켜켜이 쌓여서
만들어진다

스승 │　　　지금 내 삶은 태어나 맞이한 순간순간의 경험이 켜켜이 쌓여서 만들어졌다. 모든 사람의 삶도 그러하다. 그래서 사람마다 나는 향이 다르다. 하나도 같은 향이 없다.

만약 누가 나에게 내 삶을 모아 태우면 어떤 향이 날 것 같으냐고 묻는다면, 나는 오징어 태우는 냄새라고 대답할 것 같다. 그 이유는 내가 네팔에 자주 가면서 실제로 노천에서 사람을 화장하는 곳을 여러 번 오가며 맡은 냄새 때문이다. 화장터 근처에 가면 어김없이 오징어 태우는 냄새가 났다.

다음으로 내 삶을 모아 태우면 또 어떤 향이 날 것 같으냐고 묻는다면, 시기마다 다른 향이 난다고 대답할 것 같다. 어린 시절에는 내 향은 없고 부모 향만 났으며, 자라면서 내 안의 향이 나기 시작했다. 더 자라서는 나만의 향이 나게 되었고, 지금은 이런저런 사람의 향과 어우러진 우리의 향이 난다고 말하고 싶다.

제자 |　　　　　내 삶을 모아 태우면 어떤 향이 나겠느냐는 질문이 어려운 이유는 내 삶에 대한 성찰이 필요하기 때문이다. 어떤 향이 나느냐가 중요한 게 아니라 어떤 삶을 살아왔느냐를 돌아보는 것이 중요하다.

이 질문을 학생들에게 던지면 학생들은 긴 침묵으로 반응한다. 자신의 삶과 마주할 때 사람은 어느 때보다 진지해진다. 그것은 이십 대인 젊은이도 팔십 대 나이 든 사람도 예외가 없다. 가장 짙게 기억나는 대답은 젖은 종이 타는 냄새가 날 것 같다는 이야기였다. 태워도 말끔하게 태워지지 않는 눅눅하게 젖은 종이 타는 냄새. 그 이야기를 들으면서 어쩌면 모든 사람의 삶은 정도의 차이만 있지 눅눅한 종이 타는 냄새가 나는 게 아닐까 싶었다. 마른 듯 젖고, 젖은 듯 마른 게 우리의 인생이 아닐까.

짧을수록 좋아

| 나이 들어 길어지면 못 쓴다

스승 | 나이가 들수록 내가 하는 말이 짧아지고 글도 짧아진다. 글이 짧아지면 시가 되고, 시가 짧아지면 한마디가 된다. 모진 경험과 멋진 경험이 쌓이다 보니 그 속에서 지혜가 생긴다. 지혜는 군더더기를 필요로 하지 않기에 말과 글이 짧게 표현된다.

제자 | 한 소녀가 중학교 때 자기 무릎 위에서 어머니가 돌아가신 후 졸지에 가장이 되었다. 이 소녀는 평생 검소하게 살았다. 어린 동생들과 살아남으려면 그 수밖에 없었다. 환갑이 지나고 돌아보니 무엇을 살 때 기준이

'나쁘지 않으면'이라는 것을 알게 되었다. 먹고살 만한데도 소비 기준이 달라지지 않았다. 어느 날 이렇게 사는 자신이 가여워졌다. 그때부터 소비 기준을 '좋으면'으로 바꾸었다. 그녀는 멋을 내기 시작했다. 그런 자신이 맘에 들었고, 이런 변화를 누군가에게 확인받고 싶었다. 그래서 매주 진행하는 모임에 와서 팔순이 넘은 이근후 선생님께 물었다. "선생님, 저 지금 잘하고 있는 거지요?" 잠시 침묵하던 선생님이 대답했다. "너무 늦었다." 함께 참가한 사람들이 박장대소했다. 멋을 내려면 젊고 예쁠 때 진작 했어야지, 나이 든 지금에서야 하느냐는 안타까움을 다섯 글자로 짧게 표현하신 것이다. 그때 나는 짧은 말의 위력을 실감했다.

젊을 때는 열정이 넘치다 보니 급하다. 긴 것을 견디지 못한다. 늙어서는 지혜가 쌓이다 보니 깊다. 긴 것이 필요 없다. 젊을 때는 경험이 한정되어 사람과 관계를 보는 눈이 짧다. 늙어서는 경험이 넘쳐 제대로 사람과 관계를 보는 눈이 정리되어 짧다. 어떤 사람이 장문의 편지를 보내면서 마지막에 이렇게 썼다. "시간이 없어 짧게 쓰지 못하고 보내니 용서를 빕니다." 길게 말하는 것은 어설프게 알 때다. 제대로 알게 되면 짧게 쓸 수밖에 없다. 나이가 들수록 짧게 말하는 연습을 해야 한다.

조금 더 살고 싶다

| 아프면 나에게 솔직해진다

스승 | 코로나로 확진되어 3주간 격리되어 있는 동안 온갖 생각이 들었다. 그러던 어느 날 문득 가슴 밑바닥 저 아래에서 올라오는 생각 하나가 있었다. 그것은 밑도 끝도 없이 불쑥 떠오르는 '조금 더 살고 싶다'는 거였다. 평소 운명대로 살면 그뿐이라고 생각하고, 다른 사람들에게 말하곤 하던 나로서는 이런 생각이 든다는 것이 당혹스러웠다. 하지만 맹렬하고 원초적으로 떠오르는 생각을 외면할 수 없었다. 어쩌면 이 생각이 솔직한 내 심정이기도 했다. 나는 조금 더 살고 싶었다. 더 오래 살고 싶었다. 이렇게 소망하는 것이 나였다.

제자 | 어느 사형수가 교수대로 가다가 계단을 헛디뎠다. 사형수는 자신도 모르게 말했다. "후유, 죽을 뻔했네." 사람은 모두 죽기를 싫어하고 살기를 원한다. 칼을 든 강도를 만나면 누구나 목숨만 살려달라고 애원한다. 어린 사람이나 나이 든 사람이나, 많이 배운 사람이나 적게 배운 사람이나 살고자 하는 생명의 의지는 강렬하고 맹렬하다. 평소에는 머리로 죽음에 대해 초연한 사람도 막상 죽음이 실감되면 언제 그랬냐는 듯이 생명에 집착하게 된다. 사람은 그런 면에서 동물과 다름없다.

아버지에게 장기 이식 수술을 하게 된 이십 대 딸이 밤새도록 울먹이며 담당 의사에게 "선생님, 저 괜찮겠지요? 정말 괜찮겠지요?" 하고 반복해서 물었다 한다. 그것을 보며 의사는 참으로 인간적인 모습이라는 생각에 오래도록 그 장면이 떠올랐다고 했다.

사람이 도리와 명분으로 사는 것 같지만, 막상 생명이 걸린 일이 닥치면 모두 우선 순위에서 뒤로 밀리고 만다. 내가 살아야 세상도 있다. 그런 우리를 어여삐 여기며 살아야겠다.

마음이 늙는다고 느끼는 순간

│ 뒤돌아보게 될 때 마음도 늙는다

스승 │　　　　몸을 기준으로 보면 젊다는 것과 늙었다는 것의 구분이 쉽다. 눈에 보이기 때문이다. 눈에 보이지 않는 기준으로 보면 구분이 쉽지 않다. 몸은 젊었지만 마음은 늙은 사람이 있고, 그 반대로 몸은 늙었지만 마음은 젊은 사람이 있기 때문이다.

마음이 늙었다는 것을 판단하는 기준은 무엇일까. 내 경험에 의하면 뒤돌아보게 될 때다. 좋지 않은 일이 생겼을 때 내 선택이 후회스럽고 문득 지난날들이 떠오른다면 마음이 늙은 것이다. 마음이 젊을 때는 바쁠 뿐만 아니라 앞만 바라보기 때문에 뒤돌아볼 이유도 여유도 없다. 그러나 마음이 늙으면 지나온 뒤를 바라보기 때문에 작은 일에도 연관된

지난 일들이 떠오른다.

제자ㅣ   한국전쟁 영웅으로 기억하고 있는 미국
의 맥아더 장군은 '청춘은 몸의 상태를 이야기하는 것이 아
니라 마음의 상태를 이야기하는 것이다. 가슴이 뛰면 언제
나 청춘이다'라는 말을 남겼다.

가슴이 뛴다는 것은 앞을 바라보기 때문이다. 미래에 대한
희망과 설렘이 있기에 가슴이 뛴다. 가슴이 뛰지 않고 내려
앉으면 노년이다. 과거에 대한 아쉬움과 후회가 있기에 가
슴이 내려앉는다.

그런 기준으로 보면 지금 나의 마음 나이는 중년기다. 설레
기도 했다가 내려앉기도 하니 말이다. 가슴이 내려앉는 일
이 슬퍼할 일만은 아니다. 설레고 가슴이 뛰는 것은 아직 세
상 이치를 잘 알지 못하고 설익어 자신의 생각에 확신이 있
기 때문이다. 하지만 가슴이 내려앉는 것은 세상 이치를 잘
헤아릴 정도로 농익어 자신의 생각에 신중하기 때문이다.
설익지만 설레어 좋은 젊음과 내려앉지만 농익어 좋은 노년
이 좋다.

하다 보니

| 목적은 하다 보면 만들어진다

스승 | 　　　한 해에 몇 권씩 책을 출간하는 나를 보고 사람들이 자주 하는 질문은 어떻게 그렇게 할 수 있느냐는 거다. 그때마다 내 대답은 항상 같다. '하다 보니'다. 이 말은 나의 진심이다. 처음부터 책을 언제까지 쓰겠다고 생각한 적이 없다. 하루하루 쓰다 보니 어느 사이에 책 한 권 분량이 되어 책을 내고 있을 뿐이다.

30여 년 네팔 의료봉사도, 요즘 나가고 있는 제자와의 유튜브 방송 '너랑 나랑'도 처음에 무슨 거대한 목적이 있었던 것이 아니다. 한 해, 두 해 하다 보니 30년이 되었고 한 편, 두 편 촬영하다 보니 수백 편이 되었다. 처음부터 목적에 너무 힘을 주면 금방 지쳐 그만두게 된다. 하지만 힘을 빼고 하다 보면 목적이 선명해진다. 세상 이치가 재미있다.

제자｜　　　　　　선생님은 아흔이 목전임에도 날마다 사무실에 나와 오후 늦게 집으로 들어가는 일과를 특별한 일이 없으면 일 년 열두 달 이어간다. 그리고 뚝딱 책들을 낸다. 선생님 곁에서 30여 년을 제자로 보내면서 가장 크게 배운 것이 있다면 목적에 힘주지 않고 날마다 뚜벅뚜벅 걸어가는 걸음이 모든 것을 이룬다는 것이다.

'천천히 가는 자가 멀리 간다(who goes slowly goes far)'라는 서양 속담이 있다. 선생님의 삶을 보며 이 속담을 '천천히 가는 자가 제대로 간다'는 말로 바꾸어야겠다 싶다. 무심하게 하다 보면 산꼭대기에도 가고, 멀리 바다에도 이른다.

지금은 고인이 된 가수 김광석 씨는 천 회 콘서트를 열면서 이런 말을 남겼다. "처음부터 천 회를 하려고 한 건 아니었어요. 한 곡 한 곡 부르다 보니 어느새 이렇게 됐네요." 주변을 둘러봐도 세상 커다란 일들이 '하다 보니'가 아닌 게 드물다. 한 걸음이 없이 어찌 천 리 길이 있겠는가. 하다 보니 멋있어지는 그런 삶을 나도 살고 싶다.

어디 인생이 원하는 대로 흘러가던가요

1판 1쇄 인쇄 2023년 9월 20일
1판 1쇄 발행 2023년 10월 6일

지은이 이근후 이서원
펴낸이 김성구

책임편집 조은아
콘텐츠본부 고혁 김초록 이은주 김지용
디자인 이영민
마케팅부 송영우 어찬 김지희 김하은
관리 김지원 안웅기

펴낸곳 (주)샘터사
등록 2001년 10월 15일 제1-2923호
주소 서울시 종로구 창경궁로35길 26 2층 (03076)
전화 1877-8941 | 팩스 02-3672-1873
이메일 book@isamtoh.com | 홈페이지 www.isamtoh.com

© 이근후·이서원, 2023, Printed in Korea.

이 책은 저작권법에 따라 보호를 받는 저작물이므로 무단 전재와 복제를 금지하며,
이 책의 내용 전부 또는 일부를 이용하려면 반드시 저작권자와 ㈜샘터사의
서면 동의를 받아야 합니다.

ISBN 978-89-464-2257-5 03180

• 값은 뒤표지에 있습니다.
• 잘못 만들어진 책은 구입처에서 교환해 드립니다.

샘터 1% 나눔실천

샘터는 모든 책 인세의 1%를 '샘물통장' 기금으로 조성하여 매년 소외된 이웃에게
기부하고 있습니다. 2022년까지 약 1억 원을 기부하였으며, 앞으로도 샘터는
책을 통해 1% 나눔실천을 계속할 것입니다.